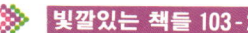
빛깔있는 책들 103-28

금동불

글/진홍섭 ● 사진/진홍섭, 안장헌

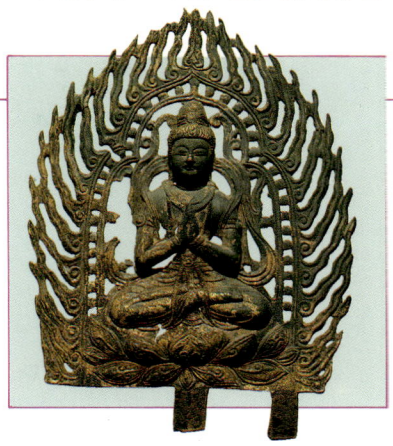

대원사

진홍섭

문학박사. 일본 메이지대학 정경학부를 졸업했다. 이화여자대학교 교수, 동대학 박물관장, 한국정신문화연구원 교수, 동아대학교 교수 등을 역임했으며, 문화재위원회 위원이다.

안장헌

고려대학교 농업경제학과를 졸업했으며, 신구전문대 강사, 사진 예술가협회 부회장으로 있다. 사진집으로「석불」「국립공원」「석굴암」등이 있다.

빛깔있는 책들 103-28

금동불

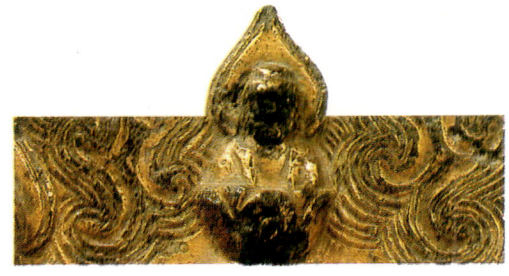

금동불

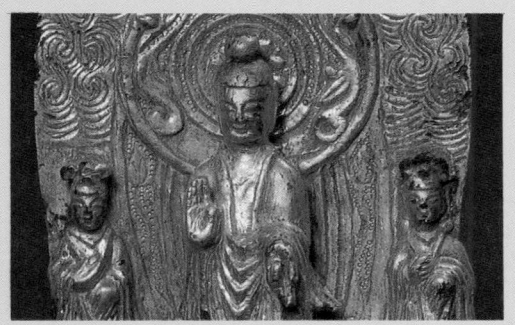

금동 불상의 뜻

금동(金銅) 불상이라는 용어는 동제 불상 표면에 도금한 불상을 가리키는 말로 사용하고 있다. 이 밖에 동으로 제작하되 도금하지 않거나 순금으로 제작한 것이 있는데 이러한 불상은 각각 '동불' '금불'이라고 부른다.

동제의 불상 표면에 도금하는 일은 불상이 장엄해 보이는 효과도 있겠지만 그보다도 교리적인 배경이 더 중요하게 작용한다. 곧 부처가 갖춘 32길상(吉相) 가운데에 '전신이 미묘한 금색으로 빛나고 있다'는 금색상(金色相) 또는 '부처의 몸에서는 사방으로 1장(丈)의 빛을 발하고 부처는 그 빛 속에 있다'는 장광상(丈光相) 등에 근거를 둔다. 황금색이라는 생각은 곧 부처가 존귀한 존재라는 뜻과 그러한 존재를 장엄하게 하려는 두 가지 뜻이 함께 담겨 있다고 하겠다. 그 뜻을 좀더 구체적으로 경전을 통하여 살펴보면 금색은 염부단(閻浮檀)의 금색이라고 한다. 염부단의 금색이라고 함은 대설산(大雪山)과 향취산(香醉山) 중간에 있는 무열뇌지(無熱惱池)에 염부수(閻浮樹)의 숲이 있고 이 숲 옆을 흐르는 내를 염부단천(川)이라고 하는데 이 내에서 나는 사금을 말한다고 하였다. 색은 적황

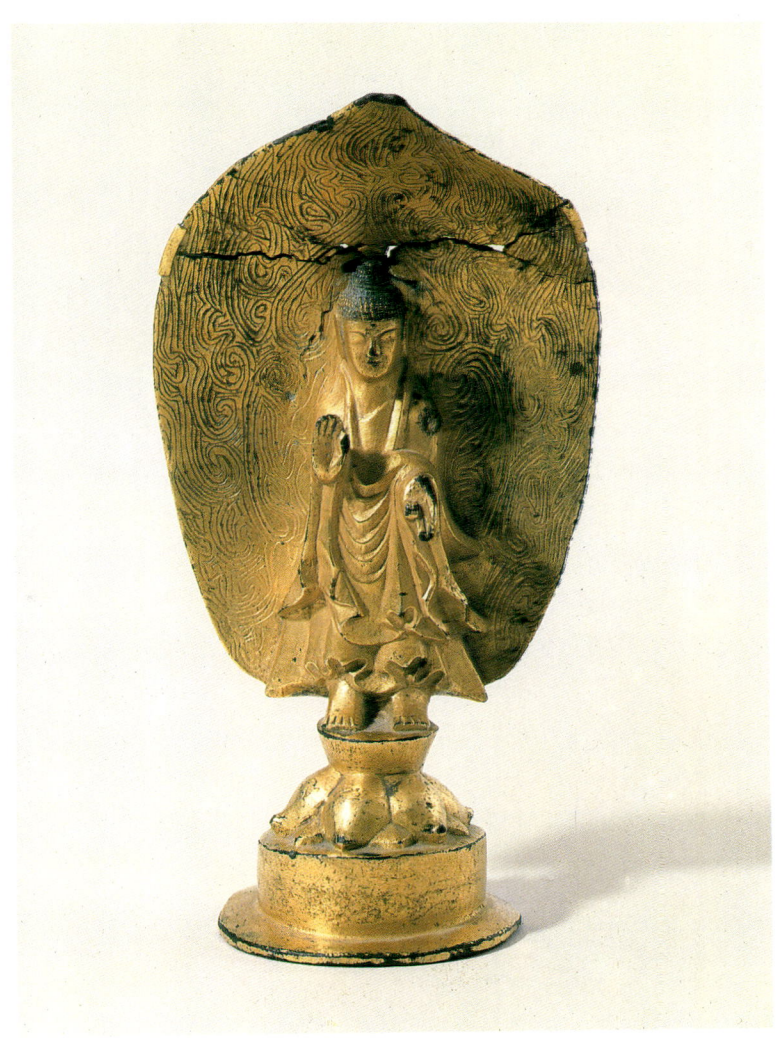

연가7년명 금동불 입상 1963년 경남 의령군 대의면 하촌리에서 발견된 고구려 불상
이다. 국보 119호, 총높이 16.2센티미터, 국립중앙박물관 소장.

색이고 자염(紫焰)의 기운을 띠고 있다고 한다. 그러나 「대지도론
(大智度論)」에서는 부처 피부의 황금색은 염부단의 황금색보다 훨씬
뛰어나다고 하였다. 곧

　　금색상, 물어가로대 어떤 금색인가? 대답하되 만약 철이 금
　옆에 있으면 금만 못하고, 지금의 금은 부처 재세시의 금에 비하
　면 못하고, 부처 재세시의 금은 염부나(閻浮那)의 금에 비하면
　못하고, 염부나의 금은 대해(大海) 가운데 전륜성왕(轉輪聖王)
　도중(道中)의 금사(金沙)에 비하면 못하고, 금사는 금산(金山)
　에 비하면 못하고, 금산은 수미산(須彌山)에 비하면 못하고, 수미
　산은 33제천(諸天)의 영락금(瓔珞金)에 비하면 못하고, 33제천의
　영락금은 염마천(焰摩天)의 금에 비하면 못하고, 염마천의 금은
　도솔타천(兜率陀天)의 금에 비하면 못하고, 도솔타천의 금은 타화
　자재천(他化自在天)의 금에 비하면 못하고, 타화자재천의 금색은
　보살의 신색(身色)만 못하다. 이와 같은 색을 금색상이라 한다.

　이같은 표현은 부처의 위대함을 나타낸 내용이지만 어떠한 재료
로 제작하든 불신 표면에 도금하는 일은 이러한 교리에 근거한 것이
다. 한편 장광상은 두광(頭光), 신광(身光), 거신광(擧身光) 등의
광배로 표현하지만 불신의 금색은 장광(丈光)의 광원을 의미하는
뜻도 겸하고 있다고 할 수 있다.

금동 불상의 기원

    불교 국가에서 제작된 수많은 불상 가운데서 금동 불상이 언제부터 제작되기 시작하였는지를 살피는 일은 그리 쉬운 일이 아니다. 지금까지 알려진 자료를 종합하여도 그 정확한 시기를 지적하기는 어렵다. 이러한 사정은 불교의 발상국인 인도도 마찬가지여서 지금까지 알려진 금동불의 고례(古例)로는 카니슈카 왕(Kaniṣka) 사리기(舍利器, 페샤와르박물관 소장)가 알려져 있을 뿐이다.

10쪽 사진

    이 사리기는 중국의 여행승이 카니슈카 대탑이라고 기록한 페샤와르 동남 교외의 샤지키데리(Shah-ji-ki-Dheri)에서 1909년에 발견되었다. 이 사리기 안에서는 카니슈카 왕대의 화폐 1매가 발견되었으며 사리기의 명문에는 카니슈카 왕 1년에 카니슈카 탑에 봉헌하였다는 내용이 있다. 이 사리 용기의 뚜껑 위에는 불상으로 보이는 좌상과 좌우에는 일상(日像)과 월상(月像)의 입상이 있어서 흡사 삼존 불상의 형식을 갖추었다. 이 사리기는 동제이고 도금하였던 흔적이 있다고 하나, 카니슈카 왕의 재세 연대에 많은 이론(異論)이 있어서 이 사리기의 연대 설정 또한 이설이 많다. 그러나 카니슈카 왕 원년을 2세기 중엽으로 보는 추정이 가장 보편적인 점으로

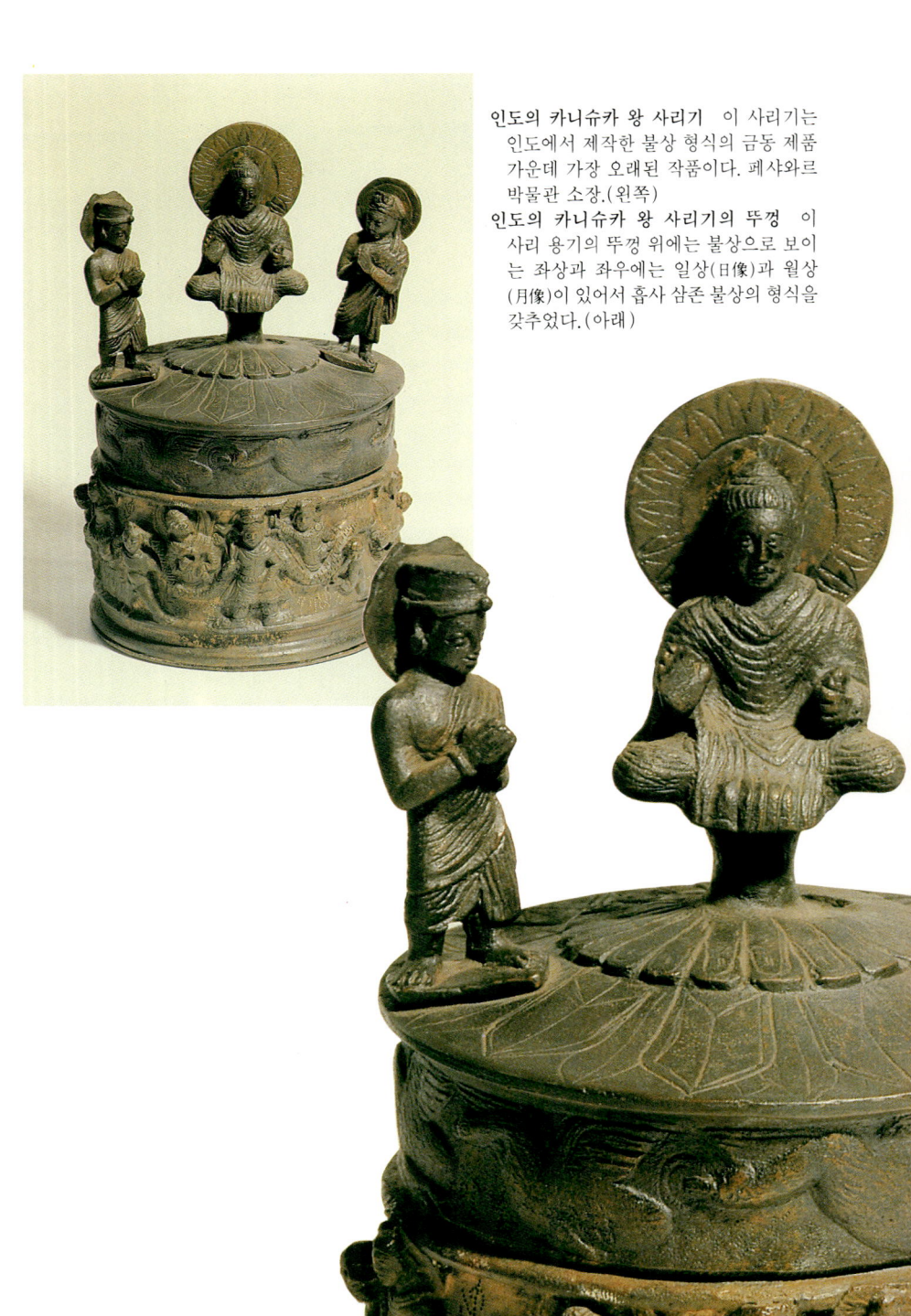

인도의 카니슈카 왕 사리기 이 사리기는 인도에서 제작한 불상 형식의 금동 제품 가운데 가장 오래된 작품이다. 페샤와르 박물관 소장.(왼쪽)

인도의 카니슈카 왕 사리기의 뚜껑 이 사리 용기의 뚜껑 위에는 불상으로 보이는 좌상과 좌우에는 일상(日像)과 월상(月像)이 있어서 흡사 삼존 불상의 형식을 갖추었다.(아래)

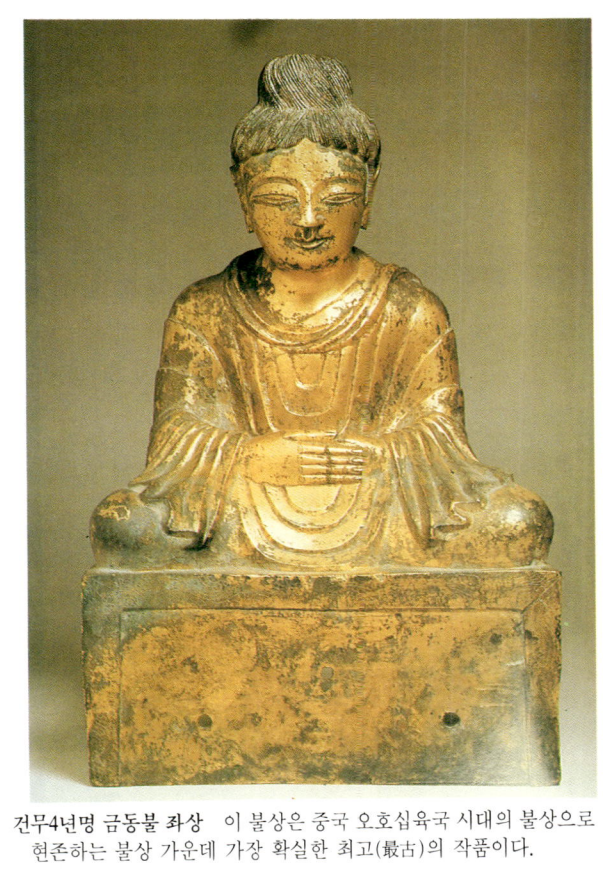

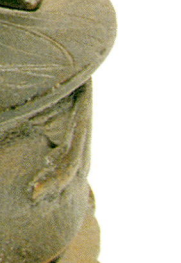

건무4년명 금동불 좌상 이 불상은 중국 오호십육국 시대의 불상으로
현존하는 불상 가운데 가장 확실한 최고(最古)의 작품이다.

보아 이 사리기를 인도에서 제작한 불상 형식의 금동 제품으로는 가장 오래 된 작품으로 꼽을 수 있다. 불상의 기원을 논할 때 으레 거론되는 간다라(Gandhara) 불이나 마투라(Mathura) 불의 작례들이 모두 석제품이라는 점에서도 인도에서 금동 불상의 기원을 밝히기는 어렵다.

인도의 사정과는 달리 중국에서는 청동 제품들이 일찍부터 발달하였고 불교가 전해진 뒤 그러한 동기 제작 기술을 바탕으로 동제의 불상이 다수 제작되었다. 그러나 불교 전래 이후 금동 불상이 언제 제작되었고 그 양식이 어떠하였는지는 분명히 밝힐 수 없다. 따라서 현존하는 불상 가운데에서 찾을 수밖에 없는데 그 결과에 의하면 오호십육국(五胡十六國) 시대 석조(石趙) '건무(建武)4년'명 금동불 좌상을 가장 확실한 최고(最古)의 작품으로 꼽고 있다.

11쪽 사진

오호십육국 시대는 3세기 초부터 4세기 말까지 계속되었고 그 가운데 석조는 4세기 전반기에 있었던 왕조로서 건무 4년은 서기 338년에 해당한다. 이 불상은 4세기경에 중국에서 유행하던 양식을 따라 제작되었는데 명문이 있어서 절대 연대를 알 수 있는 표준작이라고 할 수 있고 이러한 양식은 우리나라 초기 불상에 적잖은 영향을 끼쳤을 것으로 보인다. 이후 중국에서는 시대의 흐름과 왕조의 교체를 따라 양식의 변화를 보이면서 수많은 금동 불상이 제작되었고 더욱이 명문이 각자(刻字)된 작례가 많아서 양식 변천의 과정을 비교적 정확하게 파악할 수 있다.

한편 우리나라에서도 금동 불상의 제작 시기를 정확하게 밝힐 수는 없다. 그 시기는 물론 삼국시대 곧 372년 불교 전래 이후가 되겠으나 현존하는 금동 불상은 6세기 이전으로 추정되는 작례가 없고 6세기 이후의 삼국시대 작례도 명문을 동반한 작례로는 먼저

7, 14쪽 사진

'연가(延嘉)7년'명 금동불 입상을 들어야 하겠으나 이 불상마저도 '연가7년세재기미고려국락랑동사(延嘉七年歲在己未高麗國樂

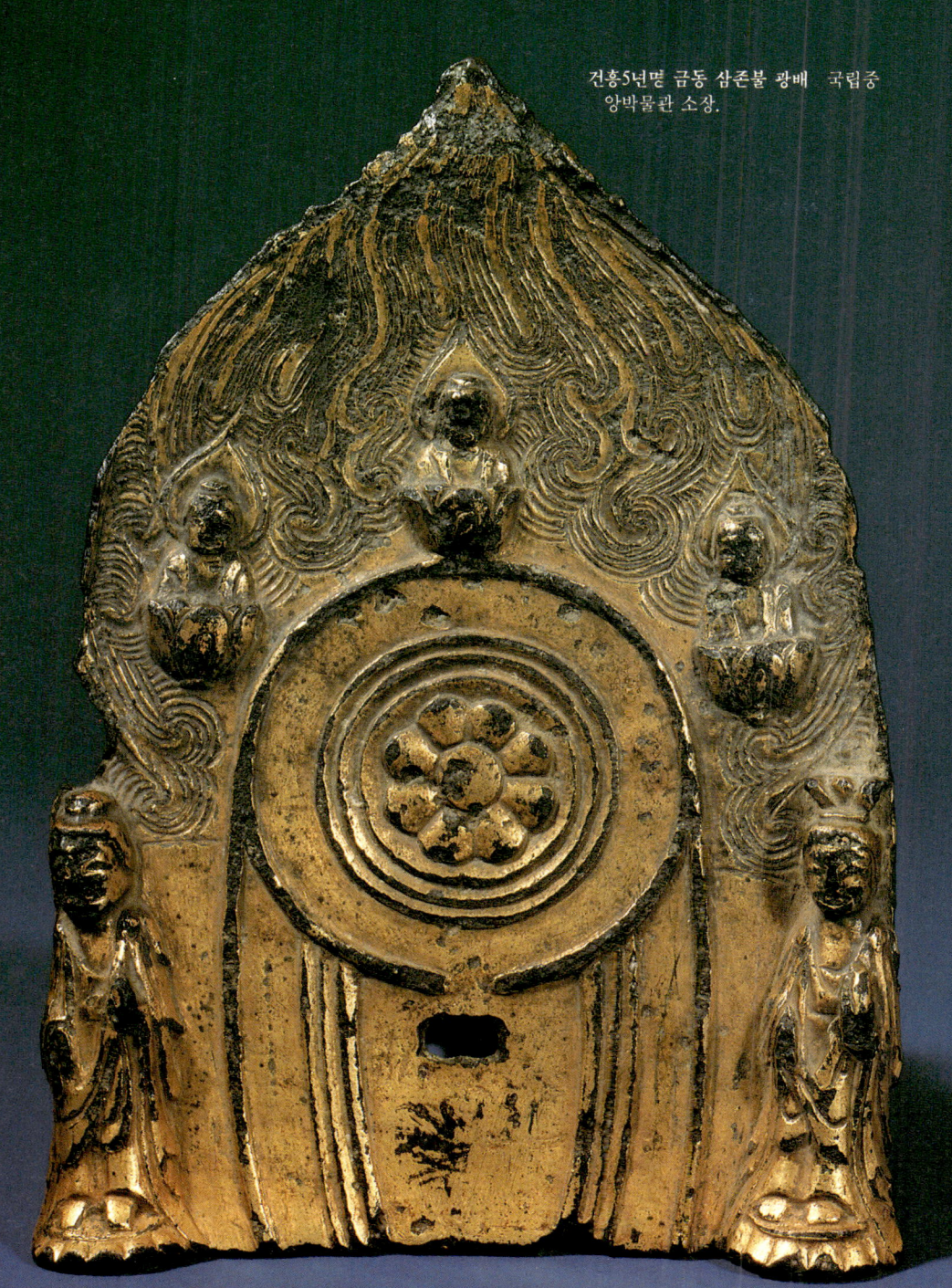

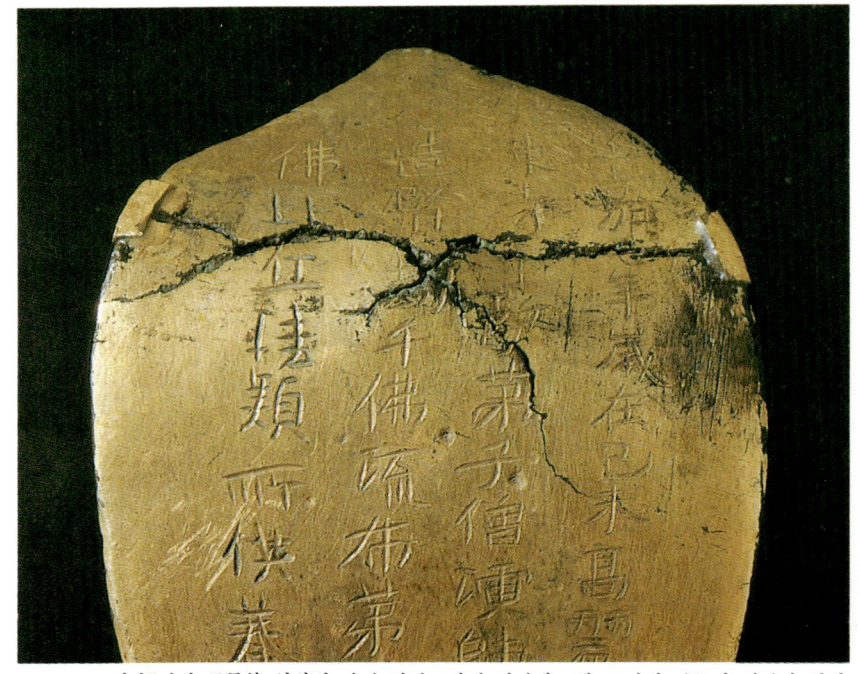

연가7년명 금동불 입상의 광배 뒷면 광배 뒷면에 4행 47자의 명문이 새겨져 있어 매우 중요한 불상이다.

浪東寺)'의 명문 내용으로 보아 고구려 불상임이 분명하나 '연가 (延嘉)'의 연호는 중국이나 고구려의 어느 문헌에서도 찾아볼 수 없어서 연대 추정의 근거는 '기미(己未)'의 간지밖에 없어서 연대 추정에서 1주갑(周甲)의 차이를 보이기도 한다.

또 하나의 예로는 '건흥5년세재병신(建興五年歲在丙辰)' 운운 의 명문을 갖춘 금동 삼존불 광배가 있다. 여기 보이는 '건흥 (建興)'의 연호도 문헌에서 찾아볼 수 없어서 '병신(丙辰)'의 간지만 이 근거가 되는데 소속국에 대해서도 고구려와 백제의 두 의견이

13쪽 사진

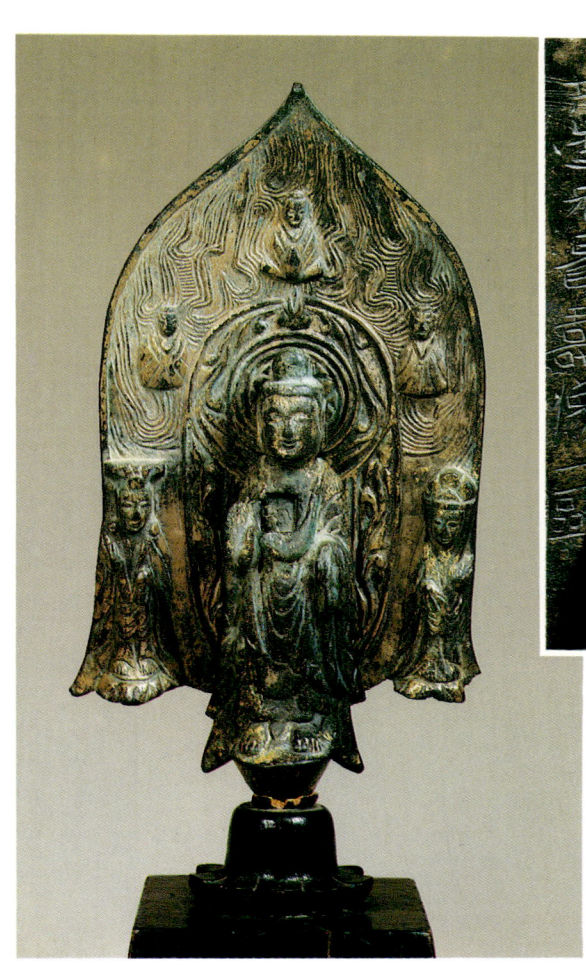

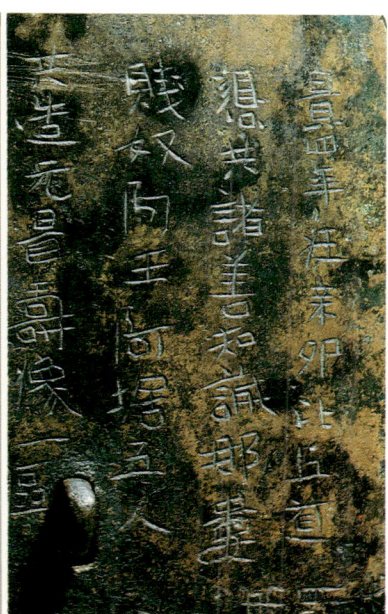

금동 신묘명 삼존불 1930년 황해도 곡산에서 발견된 것으로 일광삼존(一光三尊)의
　형식이다. 국보 85호, 본존상의 높이 11.5센티미터, 김동현 소장.(위 왼쪽)
금동 신묘명 삼존불의 광배 뒷면의 명문 광배 뒷면 8행 68자의 명문이 있는데 그
　내용으로 보아 고구려에서 조성된 것으로 추정된다.(위 오른쪽)

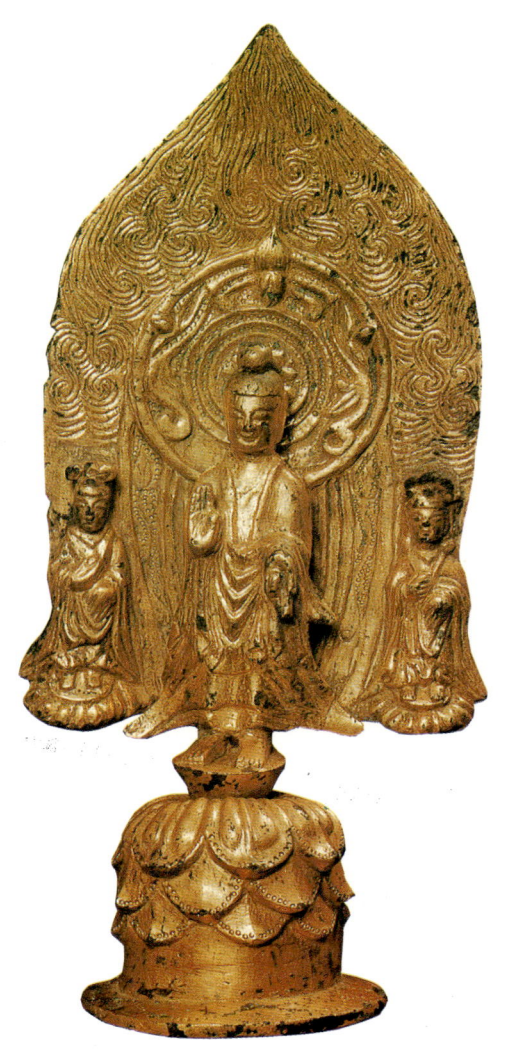

금동 계미명 삼존불　큰 광배에 삼존을 배치하고 밑에 대좌가 있는 일광삼존의 형식이다. 국보 72호, 총높이 17.5센티미터, 간송미술관 소장.

있으며 연대 추정도 구구하다. 또 '경4년신묘(景四年辛卯)'의 명문
이 있는 금동 불상이 있는데 '경(景)' 또한 연대 추정에 도움이
되지 않는다.

15쪽 사진

　한편 삼국시대 각종 명문의 일반적인 표기 습관을 따라 간지만으
로 시작되는 명문을 갖춘 불상인 '계미년11월1일(癸未年十一月一
日)'의 명문을 가진 금동 불상이 있으나 절대 연대를 잡기 어렵다.

16쪽 사진

　이상과 같이 명문이 있는 여러 불상이 있음에도 불구하고 절대
연대를 밝힐 수 없어 다만 이들 금동 불상의 제작 연대를 6세기경으
로 추정할 뿐이며 따라서 우리나라 금동 불상 제작 개시 또한 6세기
를 하한으로 삼고 선사시대의 청동기 제작 기술의 발달상 또는 고분
출토품 등을 참고하여 5세기경, 빠르면 4세기 말경에도 금동 불상
이 제작되었을 것이라는 추정을 할 뿐이다.

　이러한 추정은 1960년 서울 뚝섬에서 발견된 금동 여래 좌상
(높이 5센티미터)이 중국제의 불상으로 추정되었고 그 양식이 4세
기경 중국에서 유행하던 금동 불상의 양식을 따르고 있는 점에
서도 많은 시사를 얻을 수 있을 것이다.

57쪽 왼쪽 사진

금동 불상의 제작 기법

　동이나 철을 사용하여 제작하는 이른바 금동 불상의 제작 기법에 관한 연구는 우리나라에서는 별로 진전되지 않아서 이에 대하여 언급한 문헌이나 연구 논문은 볼 수 없다.

　다만 1963년 당시 원자력연구소의 연구관이었던 고종건(高鐘健), 함인영(咸仁英) 두 사람에 의하여 국립중앙박물관, 국립경주박물관, 덕수궁미술관 등에 소장되어 있던 금동 불상에 대한 감마(γ)선 투과 촬영을 실시하여 그 결과의 일부를 「미술자료」 제8호와 제9호(국립중앙박물관, 1963년 12월, 1964년 12월)의 두 번에 걸쳐 발표한 일이 있었고 최근에 이르러 초보적인 단계이기는 하지만 국립중앙박물관 보존과학실과 문화재연구소 보존과학연구실에서 투과 촬영과 성분 분석을 실시하고 있으나 그러한 자료를 토대로 한 연구 논문은 거의 볼 수 없다. 매우 미미하나마 국내외에서의 연구 결과를 토대로 우리나라 금동 불상의 주조 기법을 알아보기로 한다.

분할(分割) 주조법

먼저 주조 기법으로는 분할 주조법과 밀랍 주조법의 두 가지가 있는데 분할 주조법의 순서는

1. 점토에 모래를 섞은 흙으로, 만들고자 하는 불상의 모습을 조각한 원형(原型)을 만든다.

2. 이 원형을 불에 구워서 단단하게 만든 다음 얼굴이나 가슴, 배, 겨드랑이 등 섬세한 굴곡이 있는 부분에는 원형을 만들 때와 같은 흙으로 보조틀을 씌운다.

3. 이 원형과 보조틀을 포함하여 전체를 싸듯이 외형을 만든다. 외형은 원형과 쉽게 분리될 수 있도록 앞뒤에서 또는 여러 조각으로 맞추어서 만드는데 이때 이 조각들이 움직이지 않도록 요철이 있는 이음새를 만들어 고정시켜야 하고 이 외형도 구워서 단단하게 만든다.(이상 그림 1)

4. 외형을 원형에서 떼어낸다. 이때 얼굴 등에 대었던 보조틀은 외형에 붙어서 불상 표면의 반대 모습이 나타난다(그림 2).

5. 원형의 표면을 약간 깎아내거나 다른 흙으로 원형보다 약간 작게 내형을 만들어 다시 외형과 내형을 맞추었을 때 공간이 생기도록 한다. 이때의 내형에는 외부까지 나오는 철심을 가로, 세로로 박으면 그 끝은 외형에까지 박혀서 내형과 외형이 고정된다. 외형과 내형 사이의 공간 폭이 곧 불상의 두께가 된다. 외형을 만들 때 외형 바닥에는 미리 외형과 내형 사이의 공간과 연결되는 주입구(注入口)를 만들어야 한다(그림 3).

6. 머리 부분을 밑으로 하여 용액을 주입한다. 용액이 굳으면 외형과 내형을 제거하고 외부로 돌출된 철심을 잘라내고 표면을 정리한다. 이때 외형의 쪽과 쪽 사이로 용액이 배어들어 불상 표면에 그 흔적이 남게 된다.

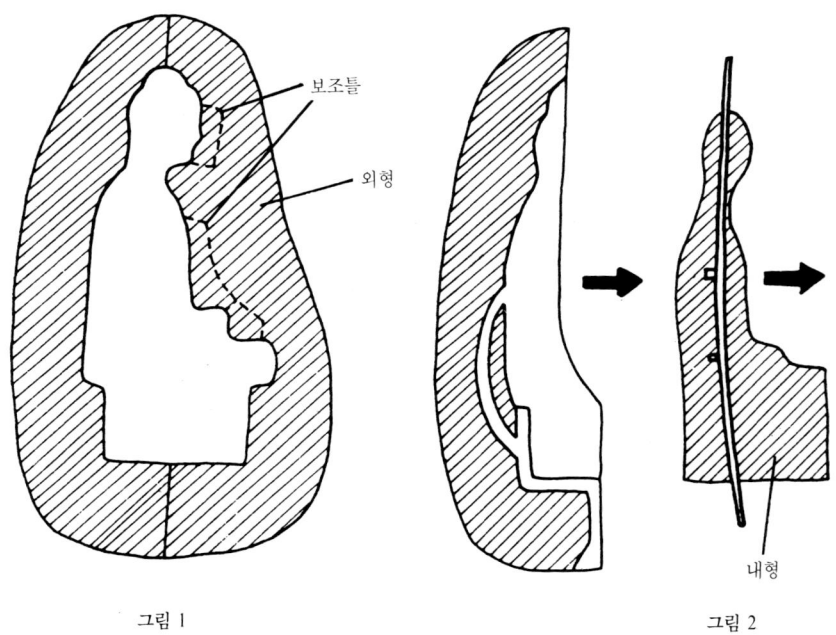

보조틀

외형

내형

그림 1   그림 2

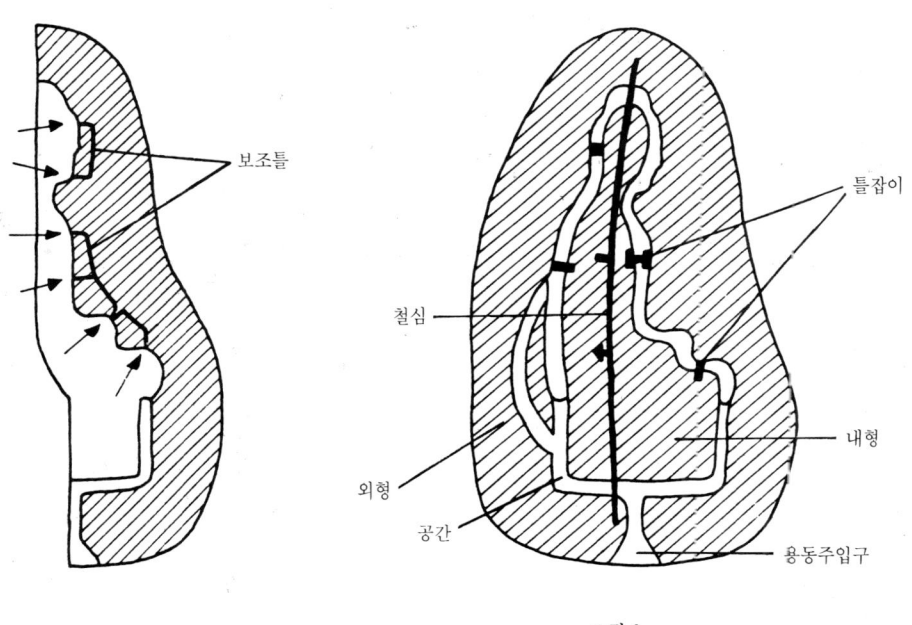

보조틀

틀잡이

철심

외형

공간

내형

용동주입구

그림 3

분할 주조법 그림 1, 2, 3은 1987년에 발행된 「日本の美術」5 안에 실린 左藤胎夫의 '割込型による鐵佛制作過程圖'에서 옮겨 실었다.

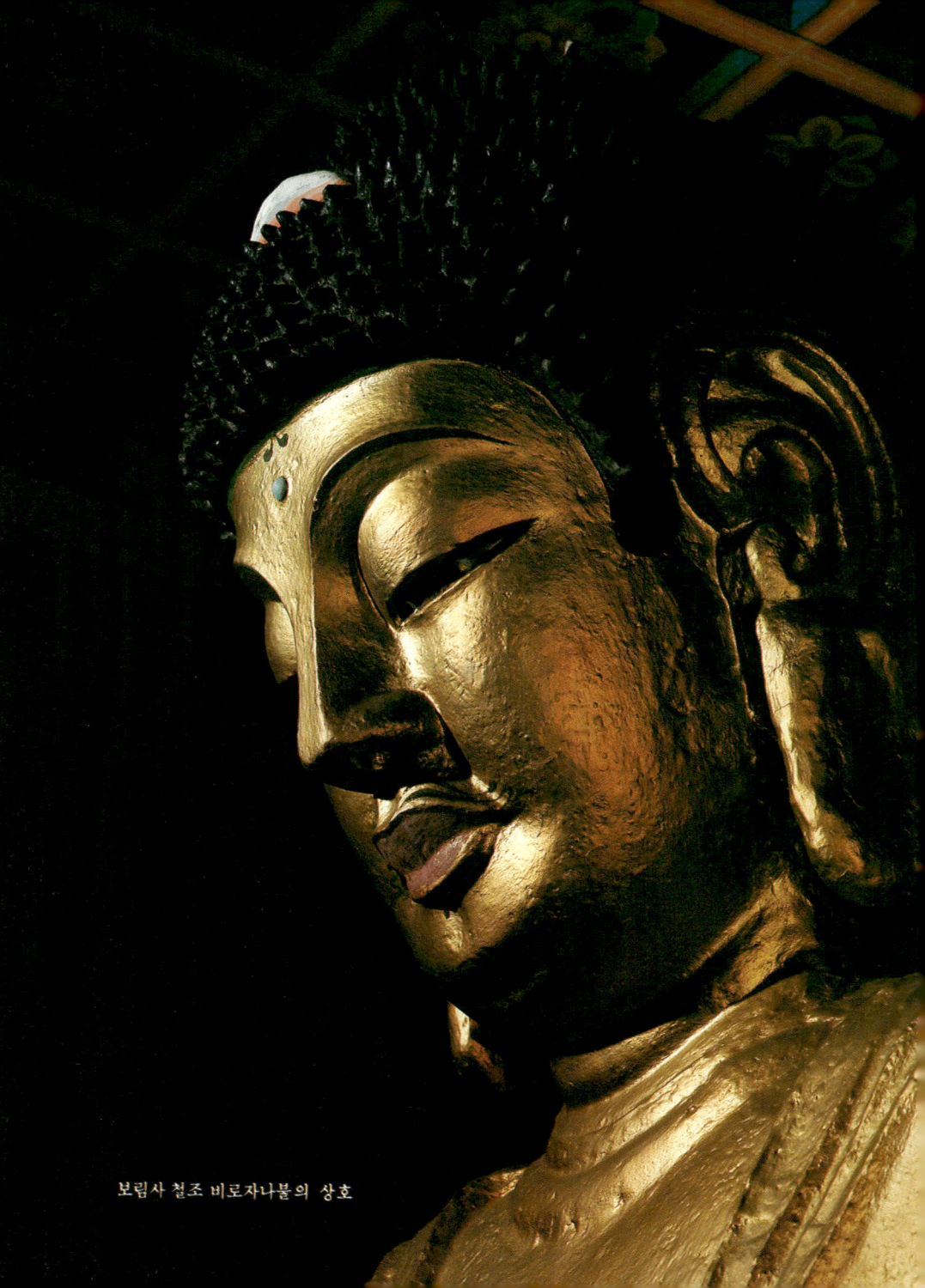

보림사 철조 비로자나불의 상호

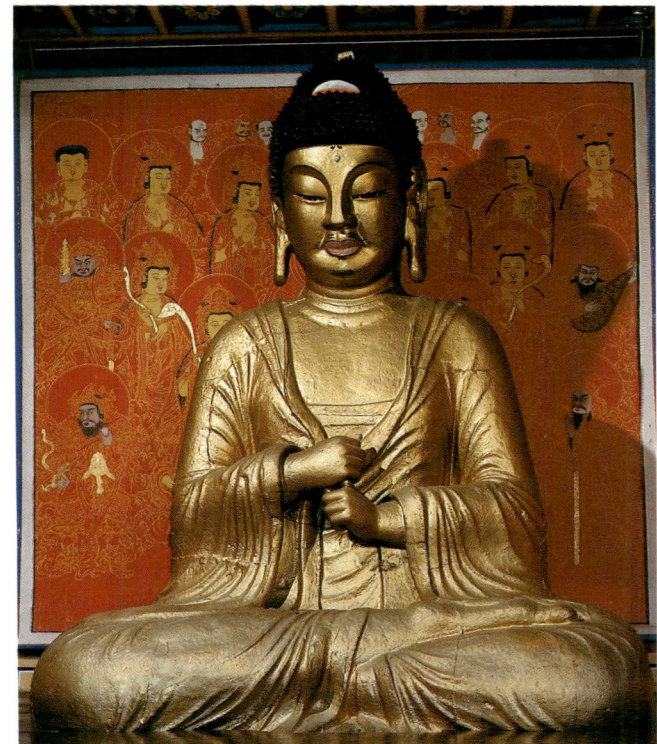

보림사 철조 비로자나불
좌상 광배와 대좌를
잃었으나 철불로서 대작
이며 명문이 있는 점에
서 주목되는 불상이다.
국보 117호, 높이 251
센티미터, 장흥 보림사
소장.

　이러한 주조 기법은 일본에서는 8세기 후반의 작례가 있으나
모두 중앙에서 멀리 떨어진 지방에서 제작된 것이고 중앙에서는
11세기경부터 유행하여 12세기가 되면서 급속하게 발전하였다고
하는데 우리나라에서도 보림사(寶林寺), 도피안사(到彼岸寺) 등의
신라시대 명문(銘文) 불상을 비롯하여 9세기 이후 고려시대에 걸친
철불상에서는 예외없이 외형 연결 부위의 홈을 불신 표면에 남기
고 있다.

24쪽 사진

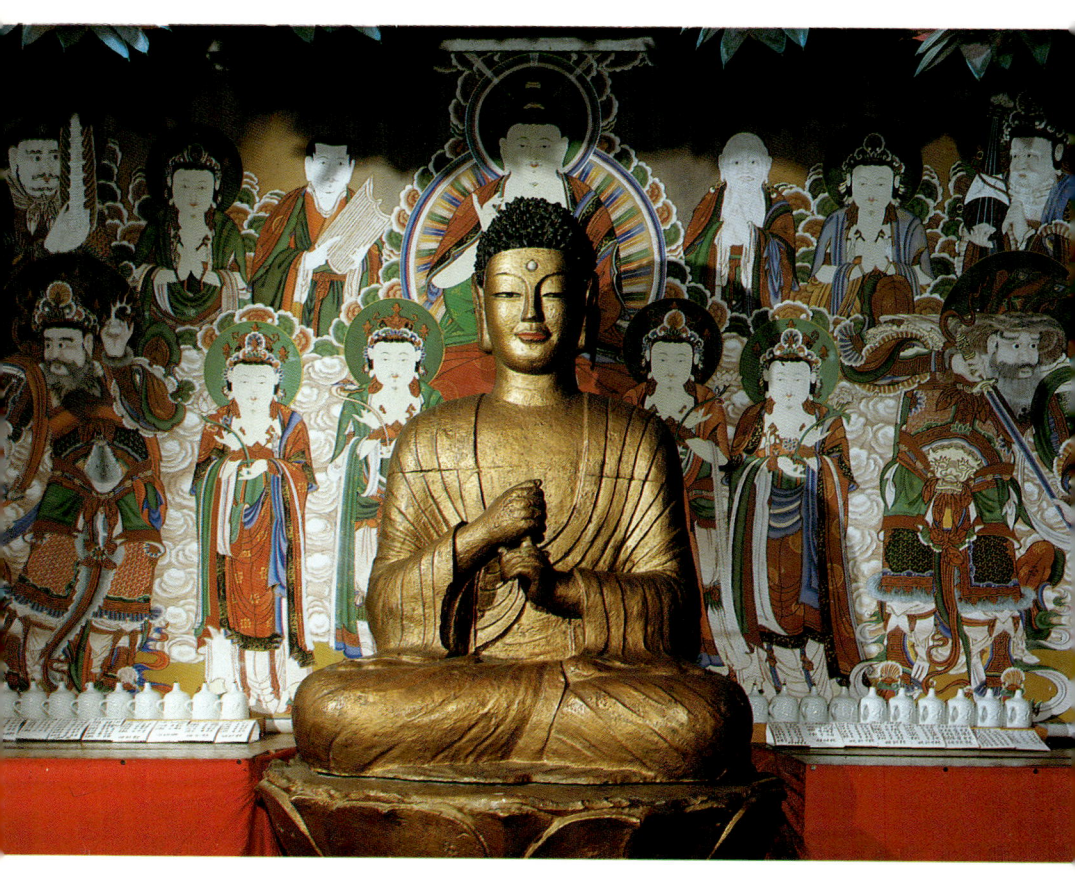

도피안사 철조 비로자나불 좌상 도피안사, 보림사 철조 비로자나불 좌상 등 신라시대 명문 불상을 비롯하여 고려시대에 걸친 철불상에서는 예외없이 외형 연결 부위의 홈을 불신 표면에 남기고 있다.

밀랍(蜜蠟) 주조법

밀랍 주조법에는 내형을 이용하는 기법과 이용하지 않는 기법의 두 가지가 있다. 먼저 내형을 이용하는 방법은

1. 분할 주조에서 사용하던 흙과 같은 흙으로 넓은 받침대를 만들고 그 곳에 철심을 세우고 이 철심을 기둥삼아 흙을 입힌 다음 대체의 윤곽을 잡는다. 이때 철심은 세로 머리끝에서 발 밑까지 또는 필요에 따라 가로, 세로 여러 곳에 댈 수도 있다. 그러나 소형 불상에서는 철심을 사용하지 않는 수도 있다(그림 4).

2. 내형을 충분히 건조시킨 다음 밀랍을 바르고 불상의 각부를 조각한다. 이때 밀랍의 두께는 곧 불상의 두께가 되며 밀랍에 조각한 불상의 모습은 바로 주조된 불상의 모습이 되므로 불상 제작의 과정에서 가장 중요한 공정이 된다(그림 5).

3. 다음에는 겉을 싸서 외형을 만들게 되는데 이 외형과 내형을 고정시키기 위하여 밀랍을 관통하여 몇 곳에 틀잡이를 박는다. 틀잡이는 내화토 또는 동편(銅片) 등을 사용하는데 불상 표면에 있는 방형 구멍은 이 틀잡이를 박았던 자리이다. 그리고 용동 (鎔銅)을 주입할 구멍, 밀랍이 녹아내릴 구멍 등을 미리 마련한다. 만약 만들고자 하는 불상의 각 부분이 복잡하면 세부까지 용액이 고루 들어갈 수 있게 여러 곳에 길을 터주어야 한다(그림 6).

28쪽 사진

4. 이렇게 만든 원형 겉에 다시 흙을 씌워서 외형을 만든다. 이 외형은 미리 만든 틀잡이와 연결되어 내형과 고정된다. 그 다음 전체를 불에 구워서 외형을 굳히는 동시에 속에 있는 밀랍을 녹여서 완전히 흘러나오게 한다. 이때 밀랍의 제거가 완전하지 않으면 주조에 실패하는 수가 있다(그림 7).

5. 밀랍이 흘러나간 구멍을 막고 드디어 용액을 붓게 되는데 이때 가스가 발생하므로 이 가스가 충분히 배출되도록 미리 탈기공(脫氣

그림 4

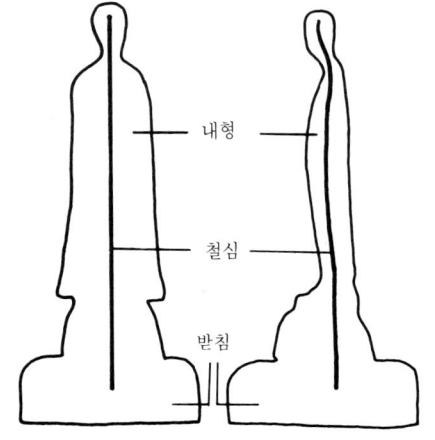

내형

철심

받침

그림 5

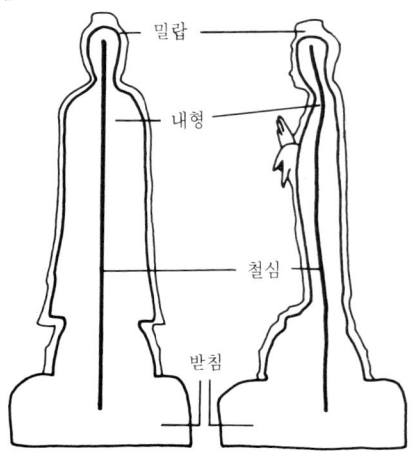

밀랍

내형

철심

받침

그림 6

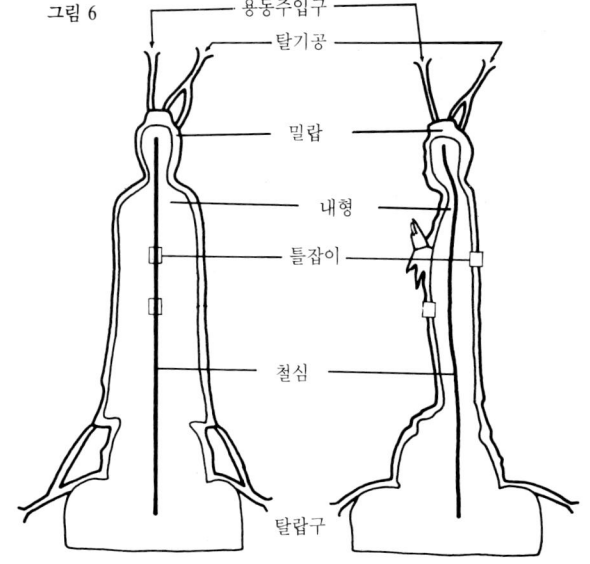

용동주입구

탈기공

밀랍

내형

틀잡이

철심

탈랍구

밀랍 주조법 그림 4, 5, 6, 7, 8은 1988년에 발행된「東京國立博物館特別展圖錄」안에 실린 金子啓明의 '총설 금동불'에서 옮겨 실었다.

그림 7

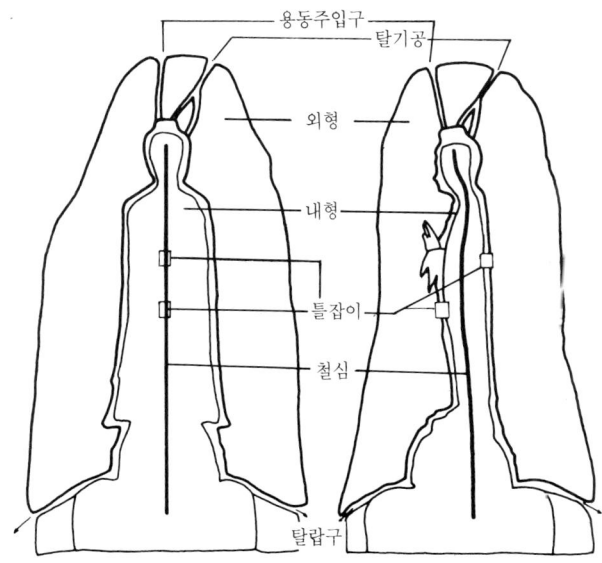

용동주입구 — 탈기공
외형
내형
틀잡이
철심
탈랍구

그림 8

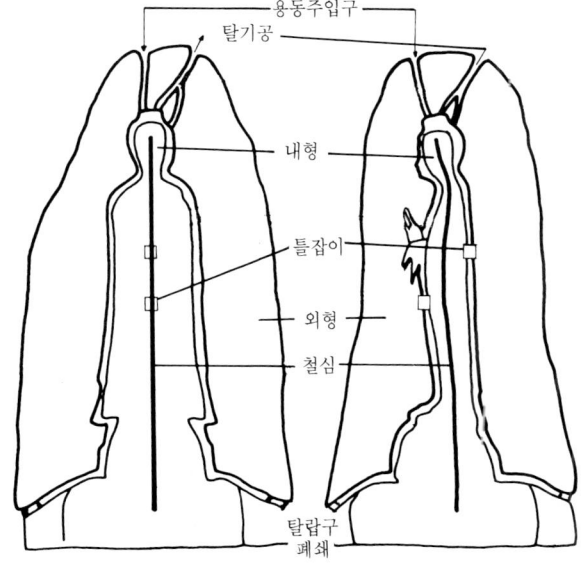

용동주입구
탈기공
내형
틀잡이
외형
철심
탈랍구
폐쇄

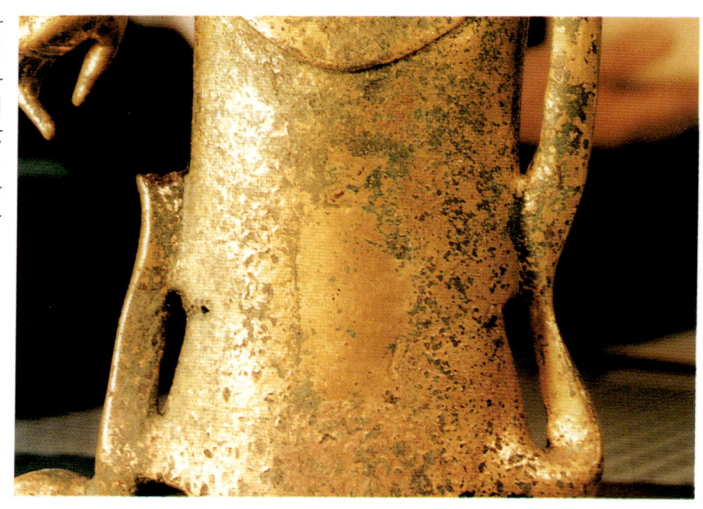

틀잡이 구멍 불상 표면에 있는 방형 구멍으로 외형과 내형을 고정시키기 위해 틀잡이를 박았던 자리이다. 외형을 나중에 제거한 다음 구멍을 메운다.

孔)을 마련하여야 한다. 만약 가스가 충분히 배출되지 않으면 기포가 생겨서 역시 실패의 원인이 된다(그림 8).

6. 용액이 굳으면 외형을 제거한 다음 틀잡이 축으로 해서 생긴 구멍을 메우거나 밖으로 나온 철심을 잘라버리는 등 표면처리를 마친 다음 마지막으로 도금하여 완성한다.

통쇠 기법

내형을 사용하지 않는 기법을 통쇠 기법이라고 하는데 밀랍으로 바로 원형을 만든 다음 그 위에 외형을 씌워서 불에 구워 밀랍을 녹여내고 그 자리에 용액을 붓는 방법이다. 초보적인 기법이라고 할 수 있으며 제작된 결과는 내부에 내형으로 해서 생기는 공동 (空洞)이 없는 점이 특징이다. 대체로 소형 불상에 많이 이용된다.

분주법(分鑄法)

불상 주조의 한 방법으로 분주가 있다. 불상의 손, 의복 자락 같이 본체에서 돌출 또는 유리되거나 요철이 심하여 함께 주조하기 어려울 때 그 부분을 따로 주조하여 본체에 연결하는 방법을 말한다.

일본 대마도(對馬島)의 구로세관음당(黑瀨觀音堂)의 여래 좌상은 그 현저한 예로서 현상은 머리에서 오른쪽 어깨, 팔, 손을 한 틀에서 따로 만들어 몸에 연결하였다(그림 9-1, 2, 3). 이 불상은 통일신라 시대의 불상이며 어느 때인가 국외로 유출되었고 그 뒤 화재로 말미암아 하체가 크게 일그러져서 접속 부분도 분리되었다.

30, 31쪽 사진

이러한 분주의 작례는 우리나라의 금동 불상에서 자주 볼 수 있어서 금동 약사여래 입상의 오른쪽 팔과 옷자락을 따로 만들어 연결하였다. 또한 불국사의 금동 아미타여래 좌상의 오른쪽 팔과 손, 금동 비로자나불의 두 손을 별주하여 연결한 흔적이 역력하고 국립경주박물관의 백율사 약사여래 입상은 두 손을 별주하여 끼우게 만들었다. 대마도의 불상이 통일신라시대 불상이고 우리나라의 분주 예가 모두 통일신라시대의 작품이라는 점에서 이러한 분주 기법은 우리나라 통일신라시대 불상 제작 기법의 한 특색으로 지적하기도 한다.

32쪽 사진

33쪽 아래 사진

33쪽 위 사진

34쪽 사진

이상에서 설명한 제작 기법은 극히 기본적인 점만을 소개한 것이고 우리나라에서 금동 불상을 제작할 때 어떠한 기법을 사용하였는지를 하나하나의 금동 불상을 대상으로 구명하는 작업은 극히 미미하여 그러한 기법을 통한 우리나라 금동 불상의 특징 내지는 시대에 따르는 기법상의 변천을 구명하는 일이 절실히 요망되는 실정이다.

그러한 가운데 1963년에 시도한 감마선 투과 촬영의 성과를 돌이

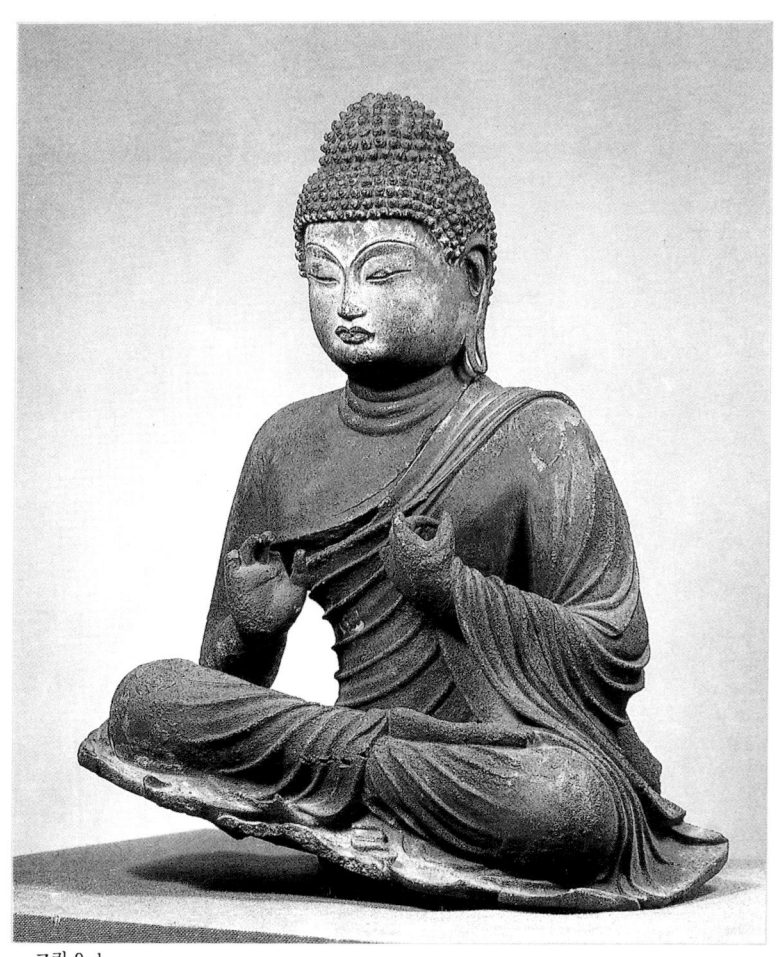

그림 9-1

그림 9-1, 2, 3. 일본 대마도의 구로세관음당 여래 좌상 이 불상은 통일신라시대의
불상으로 그림 9-2, 3에서 볼 수 있듯이 머리에서 오른쪽 어깨, 팔, 손을 한 틀에서
따로 만들어 몸에 연결하였다.

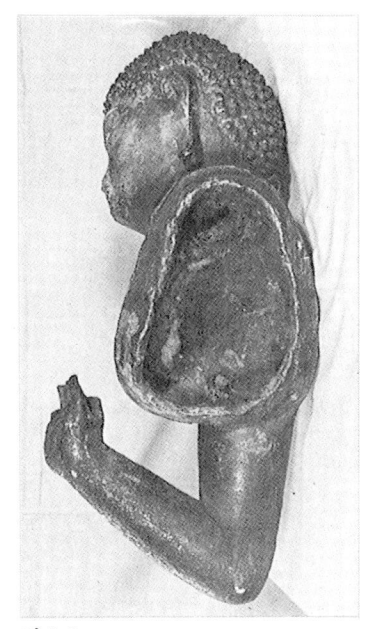

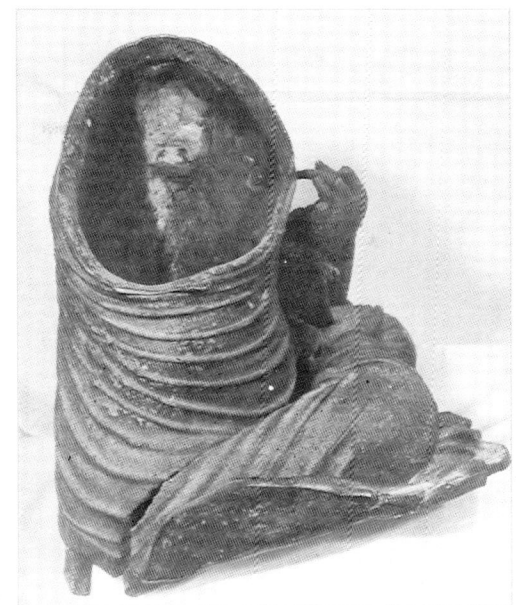

그림 9-2   그림 9-3

커 봄으로써 한국 금동 불상의 제작 기법을 살펴보고 아울러 일본의
예와도 비교해 보기로 한다.

　앞에서 지적한 바와 같이 고종건, 함인영 두 사람에 의하여 실시
된 투과 촬영은 한국 금동 불상 가운데 최고의 걸작인 국보 78호
반가상, 국보 83호 반가상을 비롯하여 60여 점에 달한다고 한다.
그 가운데에서도 주목의 대상이 되는 것은 이 두 반가상이므로 이를
조사한 두 사람의 글을 인용하면서 보기로 한다. 국보 78호의 촬영 68쪽 사진
결과에 대하여 살펴보면

　　전체적으로 보아 기포가 매우 적은 주물이며 정상부와 오른손
　에 작은 기포가 약간 보일 뿐이며 유동성이 좋은 재질임을 알

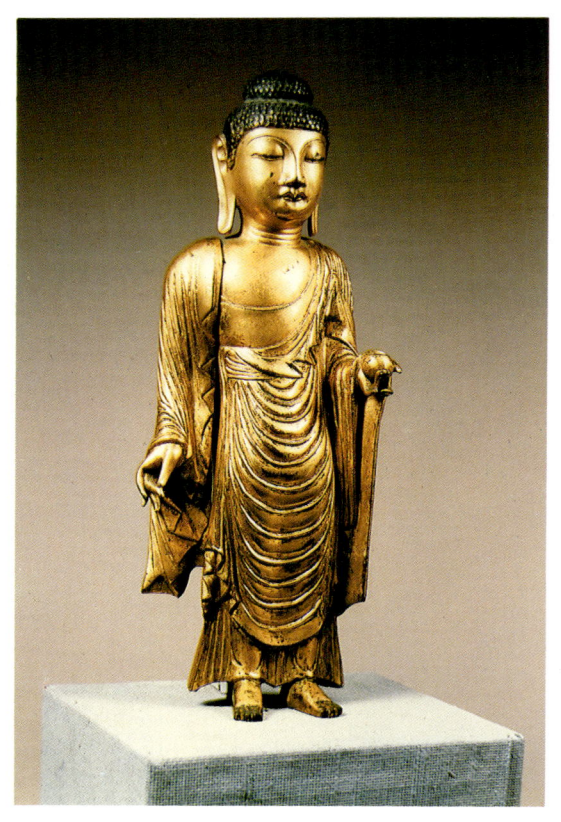

금동 약사여래 입상 분주법의 한 예로 오른쪽 팔과 옷자락을 따로 만들어 연결하였다. 보물 328호, 높이 29센티미터. 국립중앙박물관 소장.(위)
불국사 금동 비로자나불 좌상 분주법의 한 예로 두 손을 별주하여 연결한 흔적이 남아 있다. 국보 26호, 높이 177센티미터, 경주 불국사 소장.(옆면 위)
불국사 금동 아미타불 좌상 국보 27호, 높이 166센티미터, 경주 불국사 소장.(옆면 아래 오른쪽)
불국사 금동 아미타불 좌상의 별주하여 연결한 오른쪽 팔과 손(옆면 아래 왼쪽)

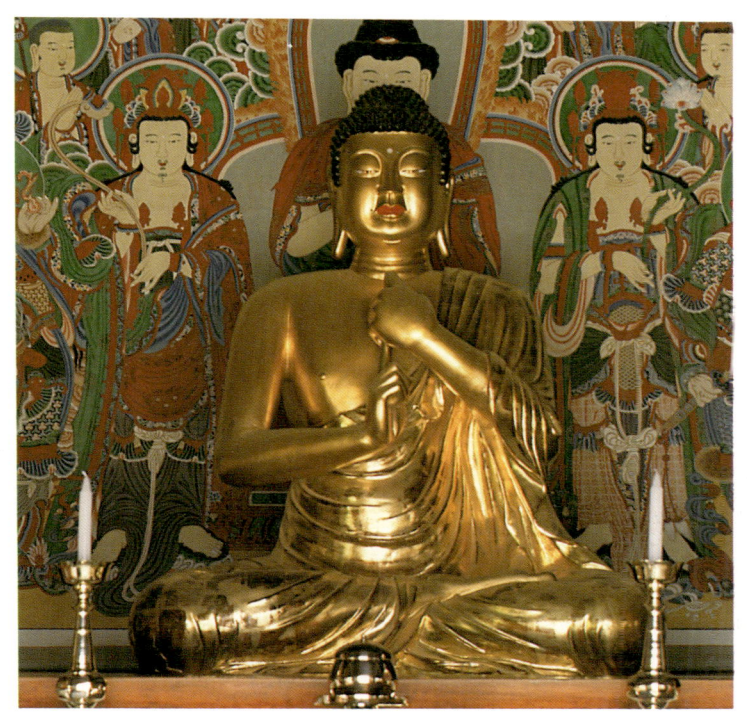

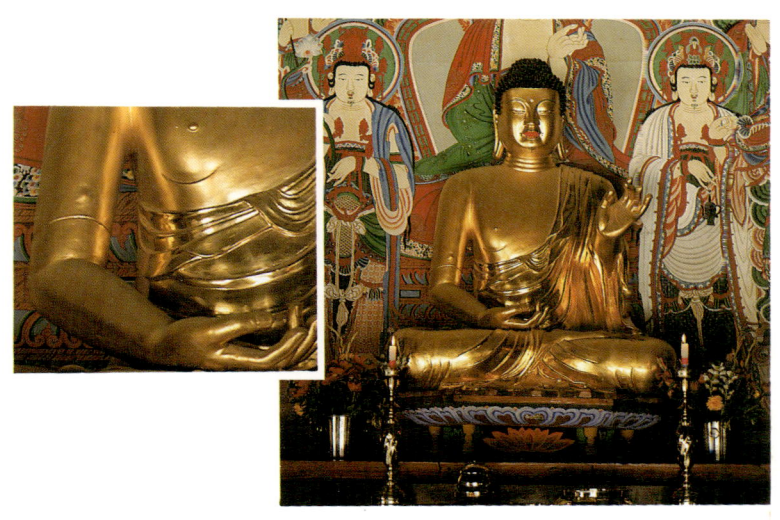

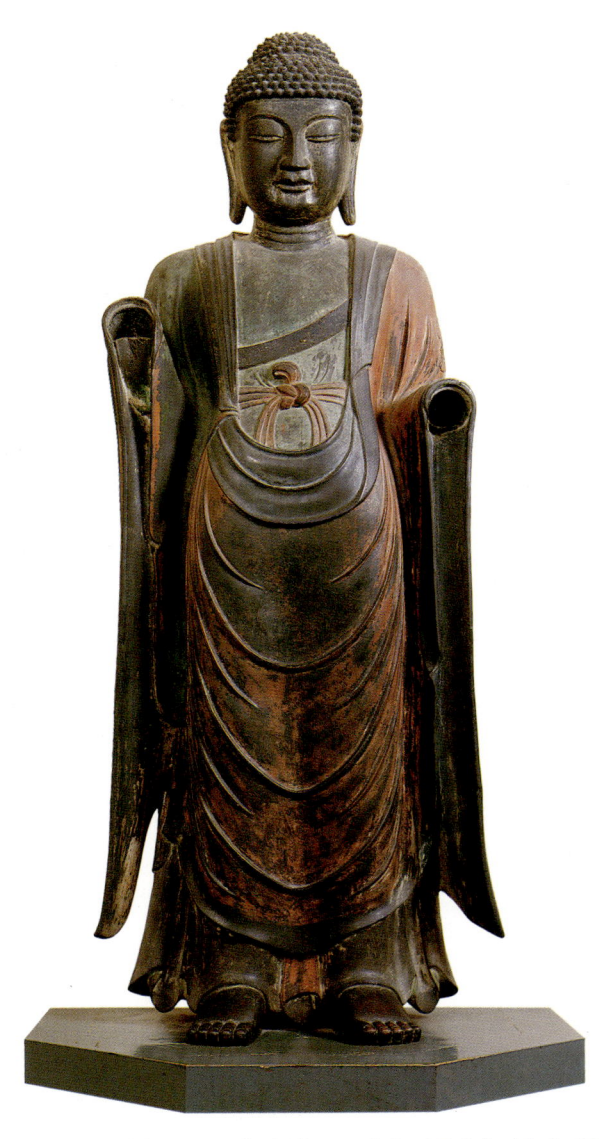

백율사 금동 약사여래 입상 분주법의 한 예로 두 손을 별주하여 끼우게 만들었다.
국보 28호, 높이 177센티미터, 국립경주박물관 소장.

수 있다. 그리고 불신의 주물 두께는 3밀리미터 내지 8밀리미터이며 전체적으로 균형이 잘 잡히고 고르며 불상의 크기와 비교할 때 뛰어난 주조 기술을 엿볼 수 있다.(「미술자료」 제8호, 2쪽)

라고 하였고 사진에 나타난 결과를 좀더 구체적으로 상세하게 다음과 같이 지적하였다(그림 10, 11, 12).

사진으로 보아 주조는 불두(佛頭)와 동체를 따로 제작하고 내부에 남아 있는 주형(鑄型) 위에 두 개의 못을 꽂아서 두부와 동체를 고정하고 납(蠟)으로 목둘레를 용접한 다음 표면을 매끈하게 연마하여 완성하였음이 충분히 설명된다. 입체 촬영에 나타난 내부의 구조를 상세히 옮기면 제5도(이 책에서는 그림 12)와 같다. 곧 두부와 동체를 연결한 못은 길이가 12센티미터 정도의 것이 후두부에서 수직으로 가슴까지 내려오고 약 12센티미터 길이의 못 하나는 인후(咽喉)에서 약간 뒤를 향하여 가슴 중앙까지 내려꽂혀 있다. 또한 두부를 살펴보면 속의 흙(내형의 흙을 말한다—필자 주)은 그대로 남아 있으며 주형을 지지(支持)하기 위한 심이 좌우와 전후로 각 하나씩 들어 있으며 내형을 고정하기 위해 사용하였을 심 하나는 후두부에 있는 사각형 구멍으로 빼버린 듯하다.

불두의 주물 두께는 동체에 비하여 약 배 정도 두껍고 고르지 못하여 7밀리미터 내지 13밀리미터이며 내면에 거칠은 금속 맥이 가로 몇 줄 남아 있다. 이것은 제6도(이 책에서는 그림 11) 두부에서 뚜렷이 볼 수 있다.

한편 흉부에는 오른팔에서 왼팔까지 가로지른 약 8밀리미터 굵기의 사각심이 보이고 동체 내부의 흙은 대부분 파낸 듯하나 양팔과 가슴 부위에는 음영(陰影)으로 보아 아직 남아 있는 것으

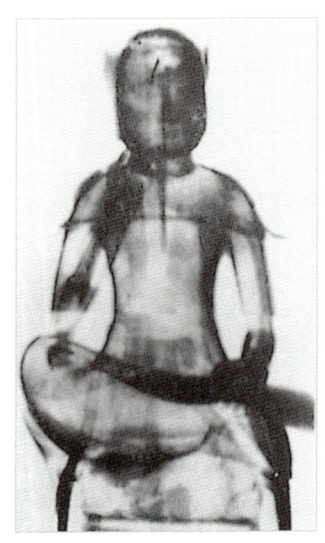

그림 10.

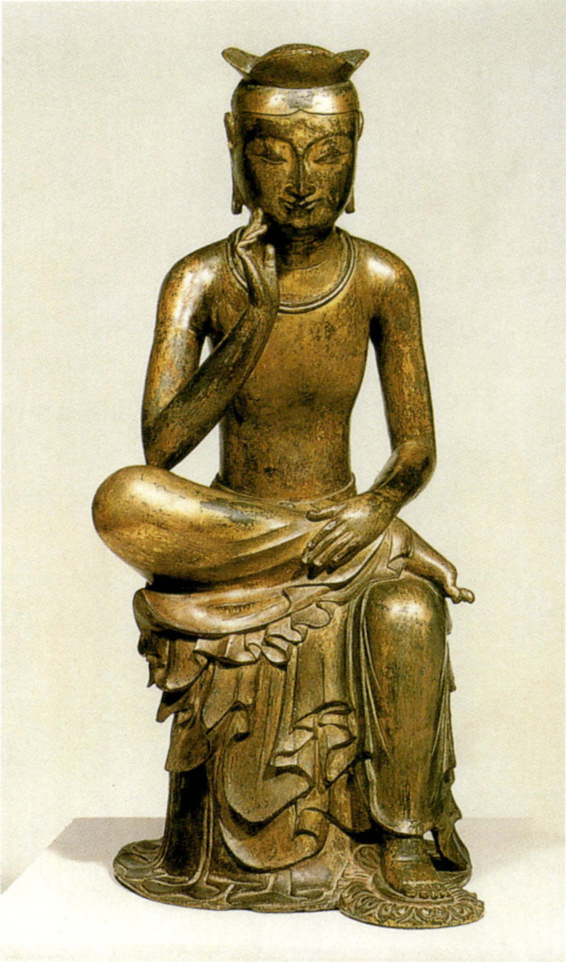

금동 미륵보살 반가상 국보 78호인 금동 미륵보살 반가상과 더불어 최고의 걸작인
불상이다. 국보 83호, 높이 93.5센티미터, 국립중앙박물관 소장.(위 오른쪽)
그림 10, 11, 12, 13, 14, 15. 금동 미륵보살 반가상의 감마선 투과 촬영 모습 그림 10,
12, 13, 14, 15는 국보 83호인 반가상을 촬영한 부분도이며 그림 11은 촬영한
내부의 명칭도이다.

36 금동 불상의 제작 기법

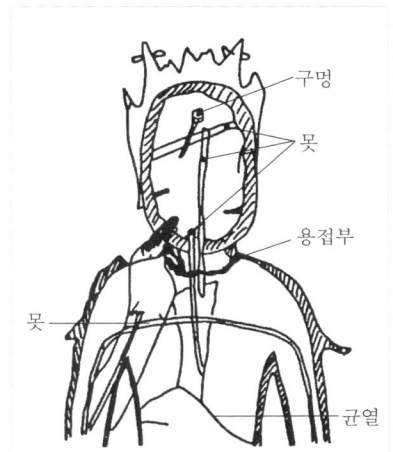

그림 11.

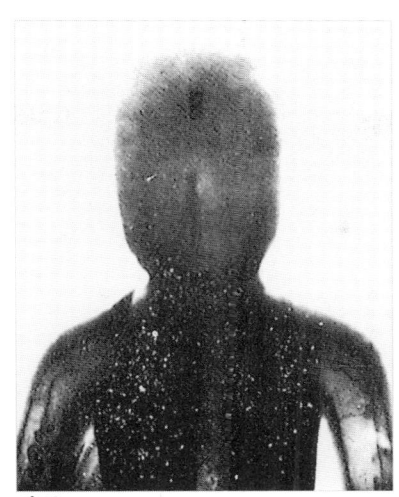

그림 12.

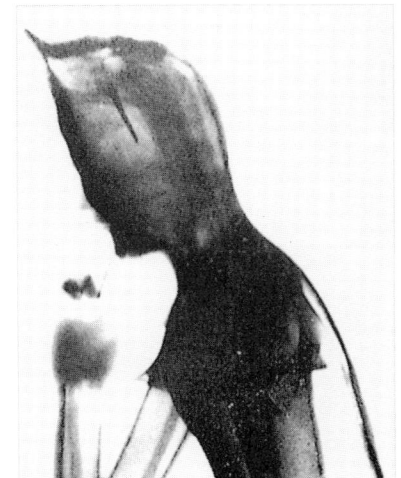

그림 13.

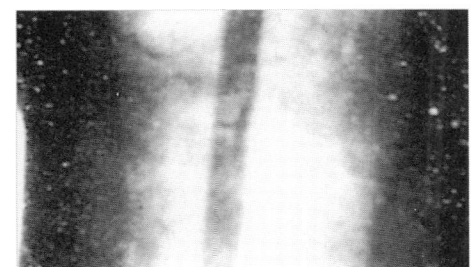

그림 14.

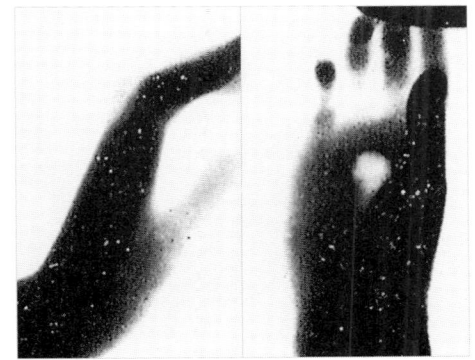

그림 15.

로 짐작할 수 있다. 동체 내벽에는 용동과 주형토가 엉켜서 경화
된 층이 붙어 있어 제거되지 않고 이중벽을 이루고 있으며 복부에
보이는 균열은 내층에 생긴 것으로 불상 자체에는 아무런 손상도
없는 것 같다. 오른 손바닥 중지 바로 밑에 인위적으로 만들어진
지름 9밀리미터 정도의 구멍이 보이는데 주조상 필요한 것인
듯하며 표면에서 석고 같은 것을 충전하고 위에 도금한 것으로
보인다.

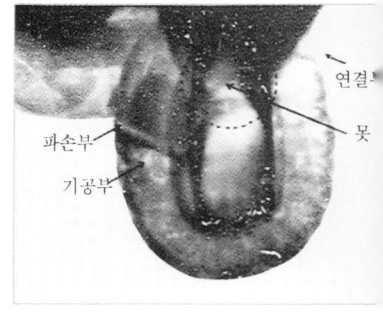

연결

못

파손부

기공부

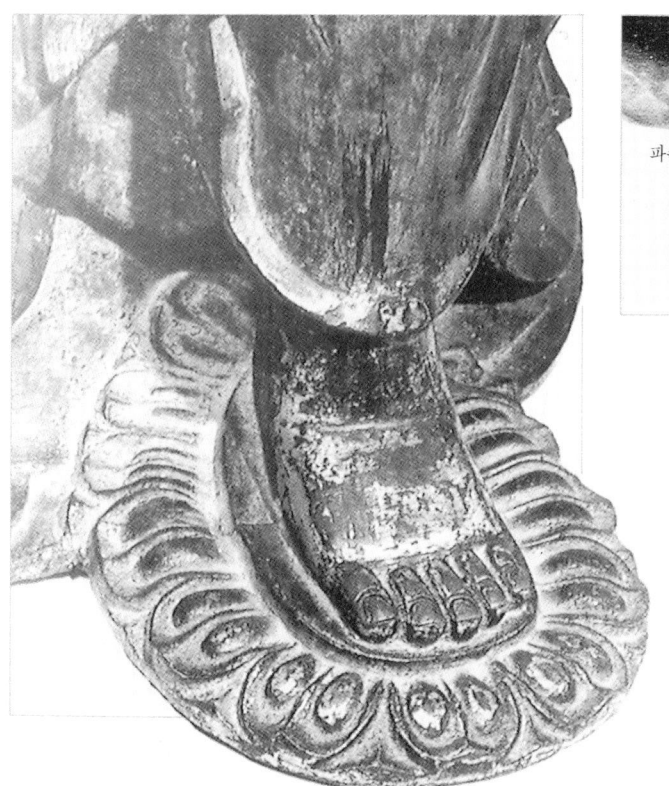

그림 16. 국보 83호 금동
미륵보살 반가상의 발
감마선 투과 촬영에
의해 연결부(↓표)를
쉽게 알아볼 수 있다.
(왼쪽, 위)

이상의 설명으로 보아 이 불상이 밀랍 주조 기법에 의한 작품임을 알 수 있으며 겉에서는 보이지 않는 주물의 두께, 주형을 고정시키기 위한 심의 상태 등을 보여 주는 동시에 머리와 몸은 각각 별주하여 접속시킨 이른바 분주의 기법을 보여 주고 있다.

한편 국보 83호 금동 반가상에 관하여는 다음과 같이 기술하였다. 36, 37쪽 사진

세슘 137의 감마선 투과 촬영에 의한 상반신(제2도, 이 책에서는 그림 13)의 영상에서 의외로 두꺼운 주물 두께를 볼 수 있다. 8밀리미터에서 28밀리미터 안팎의 금속층과 그 속에 2, 3밀리미터의 기공이 군데군데 보인다. 두부와 흉부, 양 완(腕)은 흙으로 대부분 차 있다. 또한 내형을 지탱하는 심으로는 두부 중심에서부터 수직으로 동체 밑까지 내려온 약 12밀리미터의 사각봉을 지주로 삼고 양 완에는 3밀리미터 정도의 가는 심이 들어 있는데 흙의 부착을 좋게 하기 위한 방법으로 같은 굵기의 쇠줄을 몇 줄 그 위에 감은 세공도 볼 수 있다. 양 완 속의 심은 윗가슴 증심부에서 X형으로 교차되었는데 수직으로 선 지주에 연결된 듯이 보인다.

제3도(이 책에서는 그림 14)는 요부(腰部)의 투시 사진이며 지주의 고르지 못한 굵기로써 그 시대의 솜씨도 알아볼 수 있다. 또한 금속 두께도 뚜렷이 나타나 있다.

제4도(이 책에서는 그림 15)는 오른손의 정면과 측면에서의 투시도이며 내부의 공동(空洞) 모양을 자세히 알 수 있다. 한편 보수된 흔적이 보이는 좌측 발목부터 앞부분에 관하여 투시 사진으로 설명을 시도한다면 제5도(이 책에서는 그림 16)에서 연결부(↓표)를 쉽게 알아볼 수 있다. 이 부분은 완전 융합이 안 되어 현재도 약간 흔들리고 있다. 먼저 이곳의 파손 원인에 관하여는 이 부분의 주물 두께가 얇아지고 말단이기 때문에 냉각할 때의

온도의 차로 수축이 균일하게 가지 않고 안쪽의 기공군(群)으로 보아 균열이 생길 가능성이 많았다고 생각할 수 있다. 따라서 파손 시기도 주성 직후로 보는 것이 좋을 것 같다. 그 이유로는 보수 방법이 매우 원시적인 수법으로서 납땜(眞鍮鑞)을 하지 않고 점선 안에 보이는 바와 같이 구조적으로 서로 물리게 형을 뜨고 못으로 연결하고 접속면에 용탕(鎔湯)을 부어서 접착을 꾀하였다는 점을 들고 싶다. 이것으로 미루어볼 때 그 당시에는 납땜 기술이 알려져 있지 아니한 것 같으며 앞에서 말한 반가상(국보 78호—필자 주)에서 두부를 동체에 납땜으로 연결시킨 훌륭한 솜씨를 상기할 때 양자의 현저한 시대적인 격차를 인식케 한다.

이상 두 반가상의 투과 촬영으로 해서 이러한 과학적인 조사가 금동 불상 연구에 얼마나 필요한가를 느끼게 한다.

다음의 통쇠 불상은 내형이 없어서 속이 금속으로 차게 되므로 사진상으로는 불신 각부의 두께에 따라 흑색의 농도에 차이가 생길 뿐이다. 그림 17의 불상은 '주물 조직이 미세하고 내부 결함이 없는 암록색의 금속 표면을 가진 것으로' 우리나라 작품 가운데에서는 그 예가 매우 드물어서 '외국에서 전해진 것으로 추측'하였다. 그림 18의 사진은 머리, 어깨, 오른쪽 무릎 상부에 여러 가지 기공이 보이나 하반부에는 보이지 않아서 기술적으로 진전되었음을 볼 수 있다. 그림 19와 20의 불상은 내부 결함이 비교적 적은 불상이다. 그림 21의 불상은 머리에 공동이 있고 왼쪽 다리와 양 어깨에 기포가 보일 뿐 비교적 내부 결함이 적다.

이 일련의 연구를 진행한 두 사람은 최종적인 의견을 다음과 같이 기술하였다.

신라시대 작품에는 전통적인 토대 위에 안정된 양식으로 바뀌

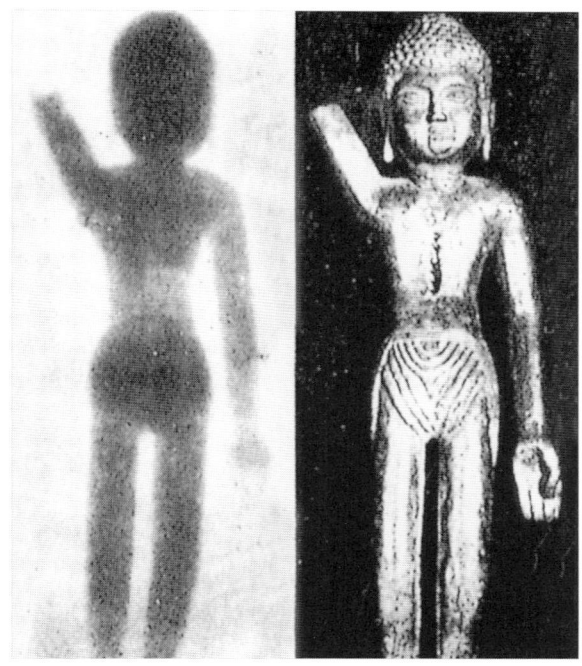

그림 17. 감마선 투과 촬영에 의한 불상의 예 주물 조직이 미세하고 내부 결함이 없는 암록색의 금속 표면을 가졌다.

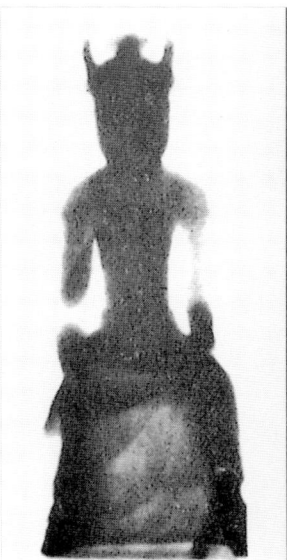 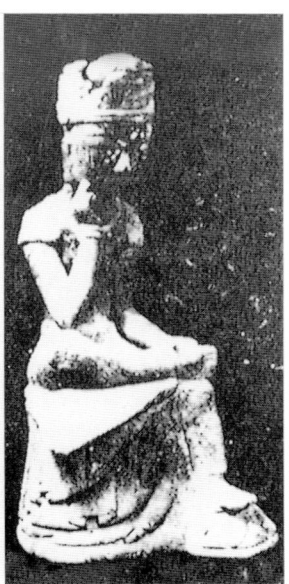

그림 18. 감마선 투과 촬영에 의한 불상의 예 머리, 어깨, 오른쪽 두릎 상부에 여러 가지 기공이 보이나 하반부에는 보이지 않아서 기술적으로 진전되었음을 볼 수 있다.

그림 19, 20. 감마선 투과 촬영에
의한 불상의 예 이 두 불상은
내부 결함이 비교적 적은 불상이
다.

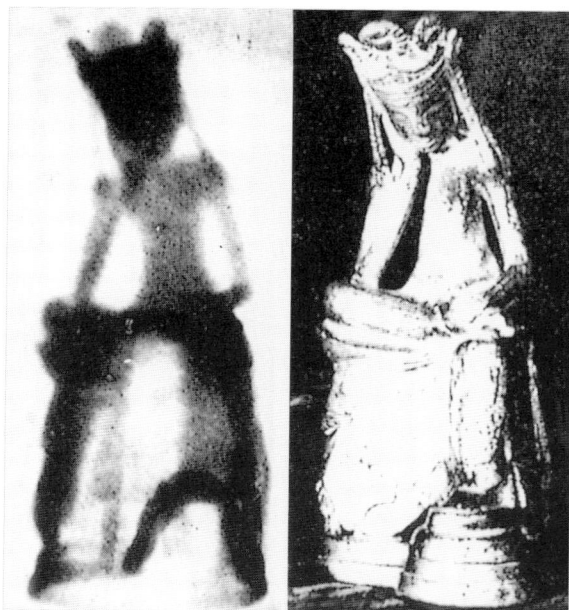

그림 19

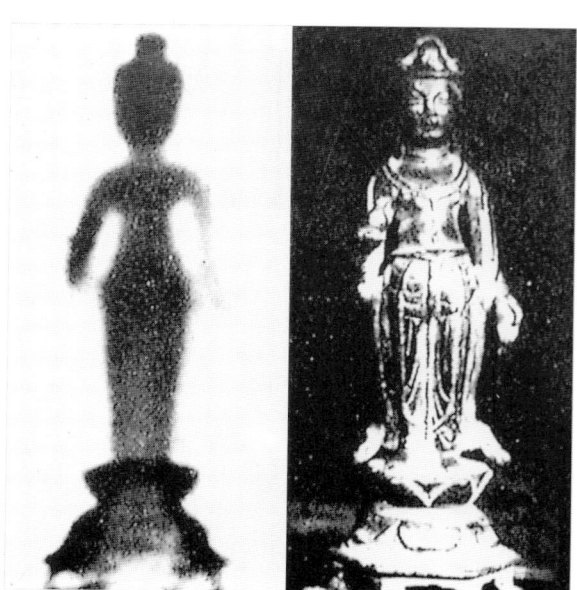

그림 20

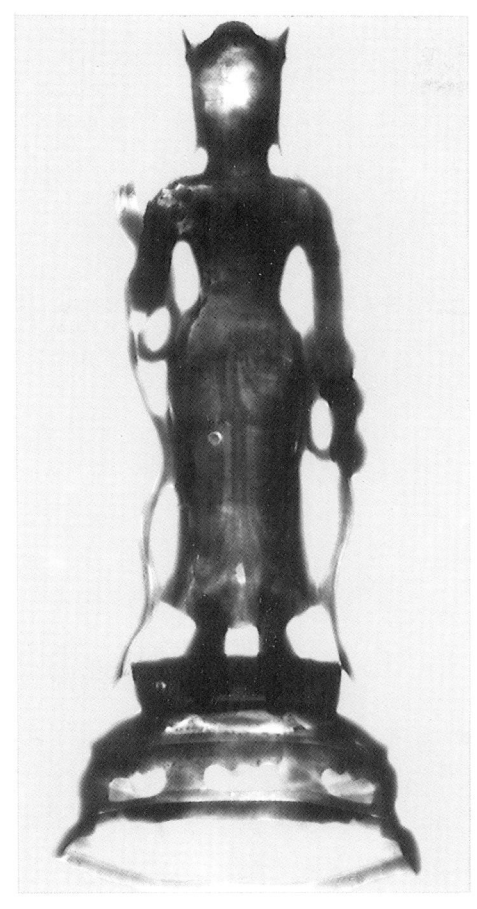

그림 21. 감마선 투과 촬영에
의한 불상의 예 머리에
공동이 있고 왼쪽 다리와
양 어깨에 기포가 보일 뿐
비교적 내부 결함이 적다.

어간 자취를 볼 수 있었다. 합금 조성에 관하여서는 분석을 하지
않고서 단언할 수 없으나 금속의 산화피막(酸化皮膜)으로 보아
대차가 없는 것으로 보인다. 재질의 결함이 비교적 적고 잡물이
혼입된 예도 극히 드문 것으로 미루어 기술적인 문제는 없었다고
본다.

이에 반하여 고려 중엽 이후 조선에 이르는 소금동 불상에서는 재질의 변화와 제작 양식의 뚜렷한 변조가 두드러지게 눈에 띄게 되었다. 곧 금속 합금이 고르지 않고 주형(鑄型)의 작풍(作風)에도 일정한 형식을 찾을 수 없고 하나하나가 다 같이 색다른 수법임을 알 수 있었다. 그 가운데에는 원(元)의 영향을 받은 듯싶은 작례도 여러 점 있었다. 이러한 경향은 삼국시대에는 귀한 금속을 사용하여 제작하던 까닭에 제한된 공방의 몇몇 명인의 손에서 정성들여 만들어지던 것이 사회의 변모와 더불어 아무의 손에서나 다루어진 때문이 아닐까 생각된다.(「미술자료」 제9호)

한편 일본에서는 투과 촬영에 의한 연구가 매우 활발하게 진행되어 표면에서 보이지 않는 내부의 주물 구조를 밝히는 일은 물론 제작 기술의 발달상에 따른 제작 시기 또는 제작 국가의 추정 곧 과거에 일본제 불상이라고 여겨오던 고대 불상 가운데에서 상당수가 신라에서 제작되어 일본으로 건너간 것이라는 수정론이 대두하기에 이르렀다.

예를 들면 다음과 같다. 불상 조각의 연구를 전공하는 일본의 유수한 학자인 구노 다케시(久野健) 씨는 일본에 있는 많은 금동 불상 가운데서 아직까지 일본제라고 생각해 오던 것을 도래불(渡來佛;일본인들이 자주 사용하는 이 말은 타국에서 수입된 불상이라는 뜻으로 사용하고 있으나 제작된 나라를 구체적으로 지적하지 않는 애매한 표현이다. 따라서 넓게는 중국, 신라, 백제, 고구려 등 여러 나라를 포함하는 말이지만 대개는 우리나라를 대상국으로 하는 말로 쓰인다)이라고 판정하는 작업이 그의 연구의 중요한 한 부분을 차지하는 학자이다. 그의 저서 「조선고대불과 아스카불(朝鮮古代佛と飛鳥佛)」(1979년, 東出版)의 내용을 인용하면 다음과 같다.

여래 입상(동 151호—御物四十八體佛 151호의 뜻으로 법륭사에서 일본 왕실에 헌납한 금동 불상 48구를 이렇게 통칭하고 있으며 각 금동 불상에는 일련 번호를 붙였다. 현재는 동경국립박물관에 소장되어 있다)도 그 망양(茫洋)한 면상(面相)이나 배면에 네 개의 틀잡이 흔적같이 보이는 창형(窓形)의 구멍을 남긴 기법이나 X선 사진(그림 16, 이 책에서는 그림 22)에서 보면 기포가 매우 많은 점으로 보아 조선에서의 도래불이라고 생각해도 좋은 상이다. 또 반가사유상도 면상, 가는 체구, 발색이 극히 좋은 도금 기술로 보아 역시 도래불이라고 생각된다. 이 상도 다른 48체불에 비해 전신에 기포가 많다(그림 17, 이 책에서는 그림 23).

투과 촬영을 통한 조사에 관하여 한 가지 더 첨부할 예는 우리나라에서도 큰 관심을 기울이고 있는 일본 경도 광륭사(廣隆寺) 소장의 목조 미륵 반가상에 관해서이다(그림 24).

이 불상은 일찍부터 일본에서 전래되어 온 불상이어서 일본제로 생각하여 별다른 이의를 제기하는 일 없이 지내오다가 근래에 이르러 이 불상이 우리의 국보 83호 금동 반가상과 양식이 흡사한 데서 그 제작 국가의 구명을 위한 관심과 연구를 기울였다. 그 결과 이 불상을 제작한 재료가 이 불상의 제작 연대인 7세기경의 일본제 목조 불상에서는 전혀 사용하지 않았던 적송(赤松)이라는 점, 이 불상은 통나무를 연륜의 중심에서 4등분한 다음 연륜(年輪)의 중심에서부터 곧 연륜의 중심이 전면이 되고 통나무의 표면이 등이 되도록 조각하였는데 이러한 조법은 역시 당시의 일본 불상에서는 볼 수 없다는 점, 끝으로 이 불상을 투과 촬영한 결과 머리에서부터 볼에 댄 손가락 끝을 거쳐 손, 팔에 이르기까지 나이테가 연속된 점으로 보아 별개의 재료에서 조각하여 연결하지 않고 한 나무

36쪽 오른쪽 사진

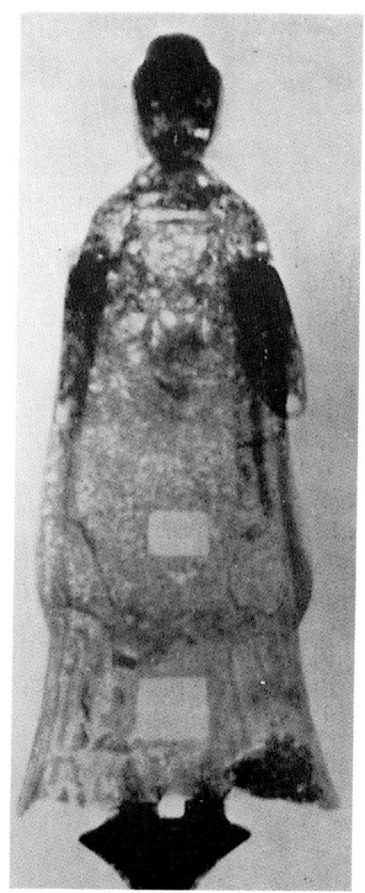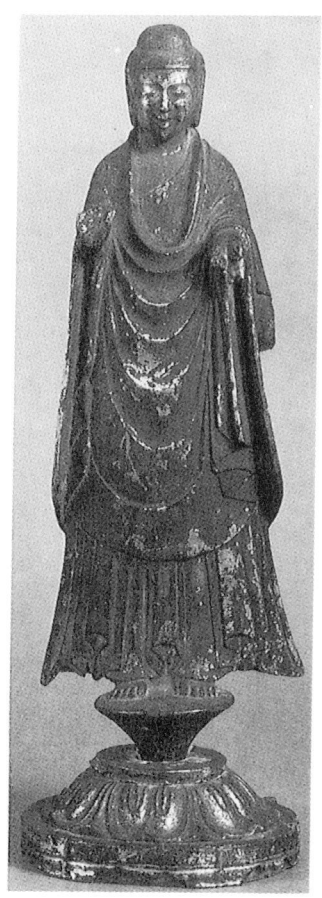

그림 22. 감마선 투과 촬영한 여래 입상 면상이나 배면에 네 개의 틀잡이 흔적같이
보이는 창형(窓形)의 구멍을 남긴 기법이나 X선 사진에서 보면 기포가 매우 많은
점으로 보아 조선에서의 도래불이라 할 수 있다. 구노 다케시의 저서「조선고대불과
아스카불」에서 옮겨 실었다.

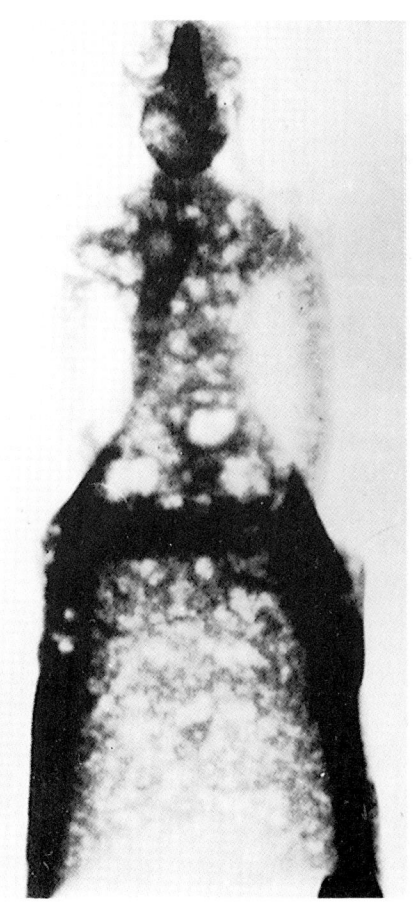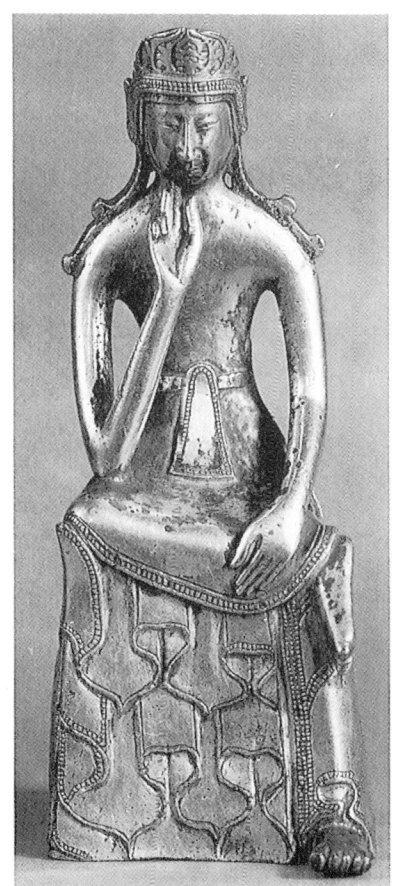

그림 23. 감마선 투과 촬영한 미륵보살 반가사유상   면상, 가는 체구, 날색이 극히 좋은
도금 기술로 보아 역시 도래불이라 할 수 있다. 구노 다케시의 저서 『조선고대불과
아스카불』에서 옮겨 실었다.

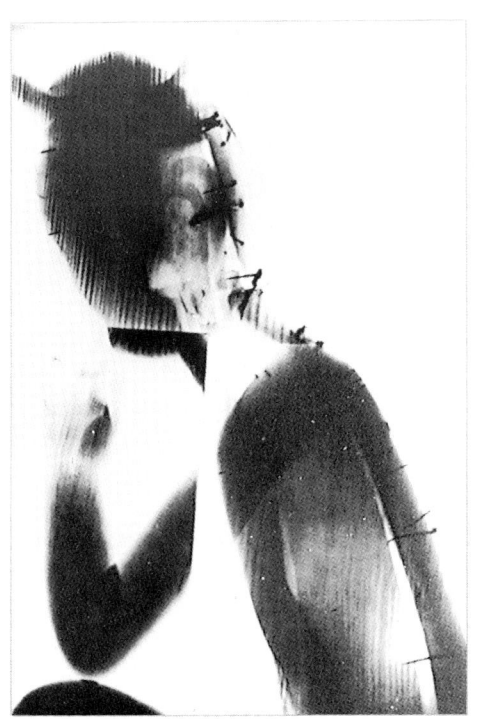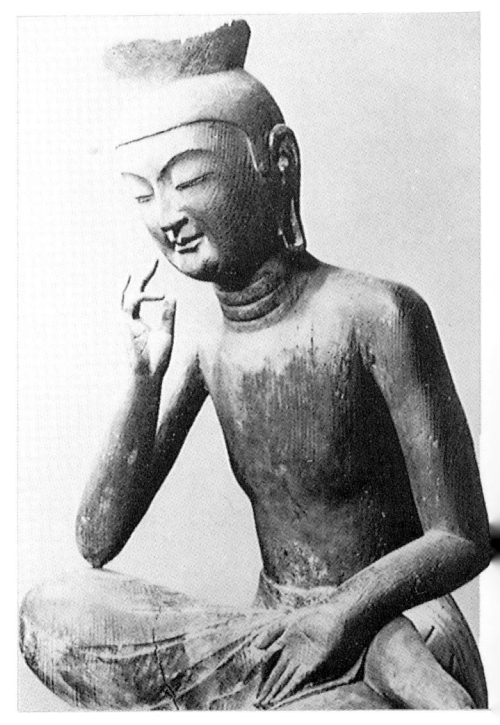

그림 24. 감마선 투과 촬영한 일본 광륭사 목조 미륵보살 반가사유상　머리에서부터 손, 팔에 이르기까지 나이테가 연속된 점으로 보아 조각을 연결하지 않고 한 나무에서 조각하였음을 알 수 있다. 이와 같은 제작 기법을 알게 됨으로써 역시 도래불이라 여기게 되었다.

에서 조각하였다는 점이 밝혀졌다.

일본에서는 이같이 복잡한 자세를 취한 불상은 몇 부분으로 나누어 조각한 다음 그것을 맞추어서 완성할 뿐 이같이 어려운 기법은 볼 수 없다는 점 등으로 미루어 역시 '도래불'이라고 여기게 되었다. 결국 목조 불상도 투과 촬영을 통하여 그 제작 기법을 찾아낼 수 있게 되었다.

금동 불상의 성분

성분의 분석 조사는 제작 기술은 물론 제작 시기나 제작 지역의 구명에 크게 기여한다. 따라서 현대의 불상 연구는 표면 관찰을 통한 양식 비교에서 한걸음 나아가 이같은 과학적인 연구가 절실히 요망되고 있으나 우리나라에서는 거의 이루어지지 않아 전혀 진전이 없다. 따라서 여기서는 다만 성분 분석의 방법과 극히 적은 수의 불상에 대한 초보적인 분석 결과를 소개하는 데 그칠 수밖에 없다.

성분 분석에는 두 가지 방법이 있다. 하나는 X선형광분석이고 다른 하나는 원자흡광분석이다. 전자는 분석기에 불상을 넣어서 분석하므로 불상 자체에 손상을 주지 않는 비파괴 분석 방법이고 후자는 분석하고자 하는 불상에서 채취한 시료(試料)를 분석하므로 불상 자체에 손상을 주는 파괴 분석 방법이다. 이와 같이 일장 일단이 있으며 분석 결과에 대해서는 전자는 어떤 성분이 어떤 성분보다 많고 적은 상대적인 측정에 그치지만, 후자는 어떤 성분이 몇 퍼센트 들어 있는가 하는 수치로 표시된다. 우리나라에서는 파괴 분석의 예는 아직 없고 비파괴 분석뿐으로서 그 구체적인 예는 다음 표 1, 2, 3, 4와 같다.

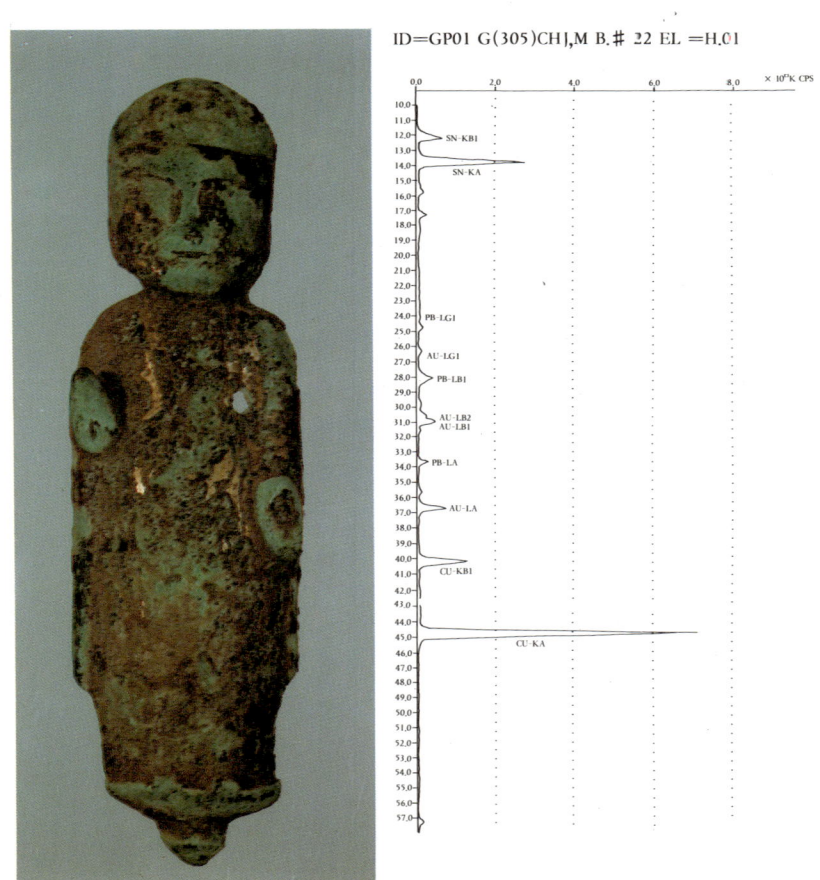

ID=GP01 G(305)CHJ,M B.# 22 EL =H.01

표 1. 동제 여래 입상의 성분 분석표   Cu>Sn>Pb, Au

※ Cu(구리), Sn(주석), Pb(납), Hg(수은), Au(금), Ag(은), As(비소), Fe(철).

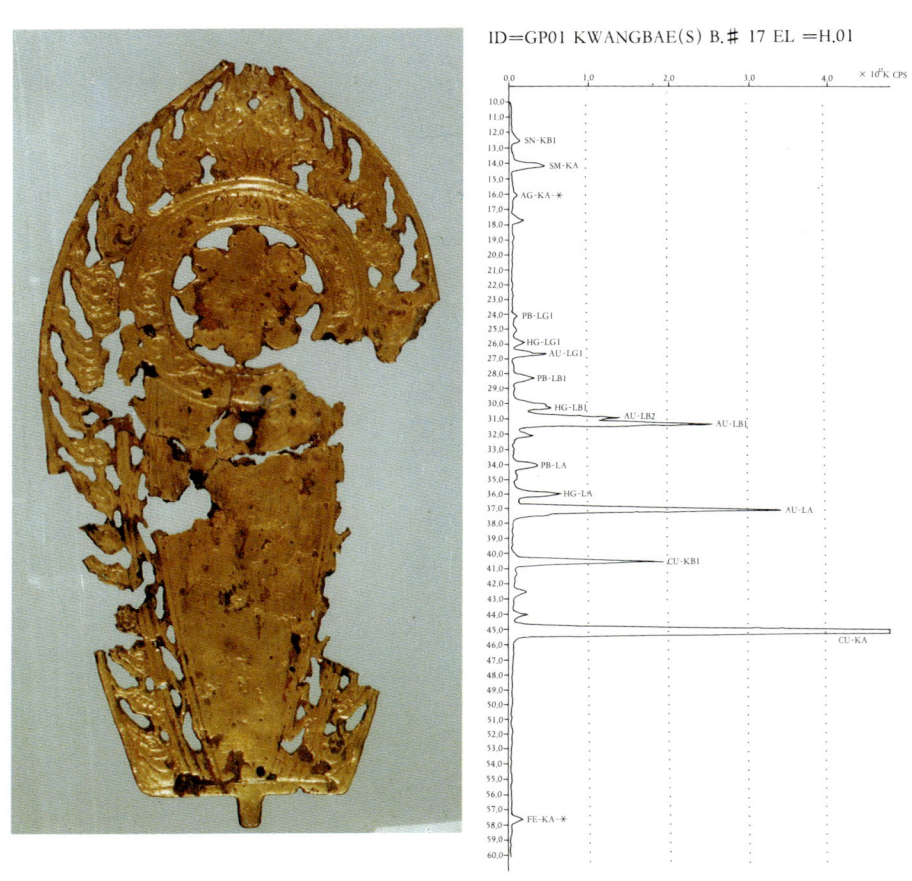

ID=GP01 KWANGBAE(S) B.# 17 EL =H.01

표 2. 광배의 성분 분석표   Cu〉Pb〉Sn, Au, Ag, Hg

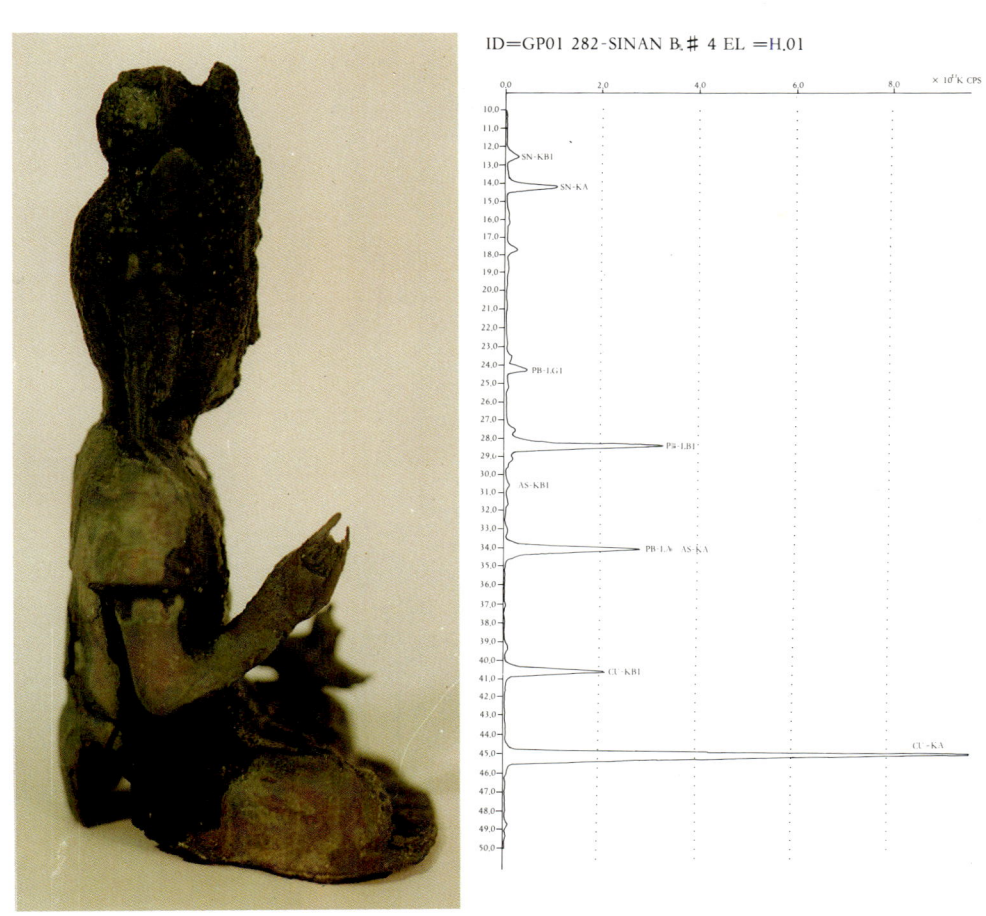

ID=GP01 282-SINAN B.# 4 EL =H.01

표 3. 금동불 좌상(신안)의 성분 분석표   Cu⟩Pb⟩Sn⟩As

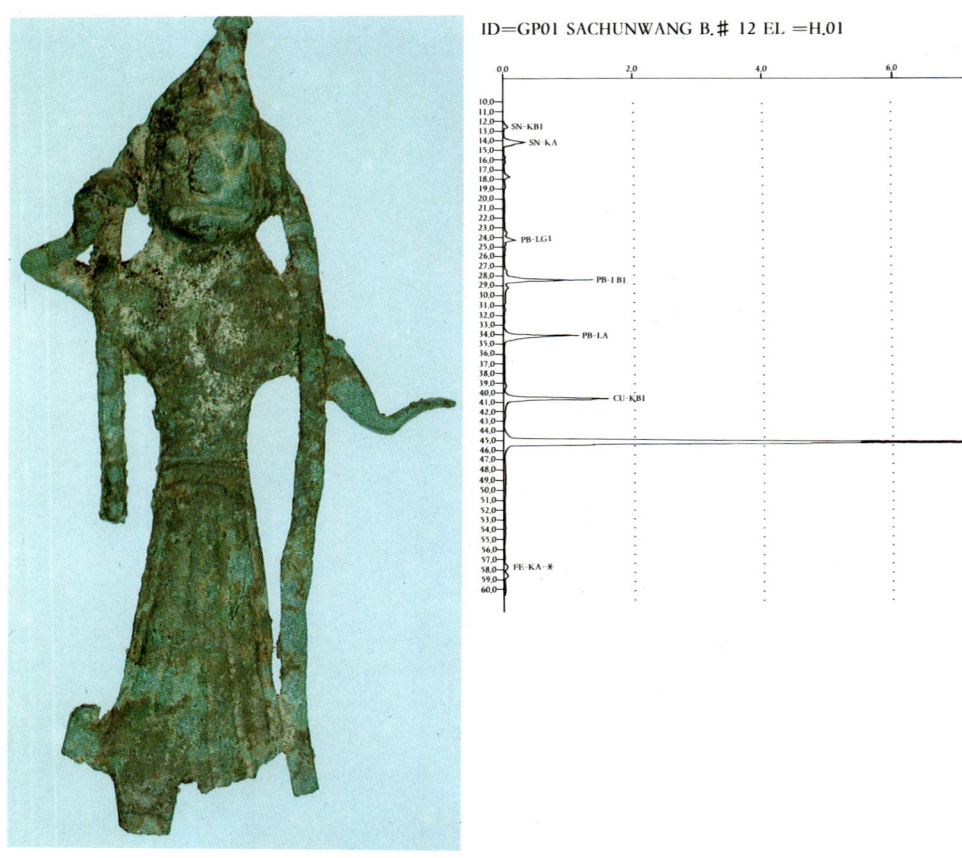

ID=GP01 SACHUNWANG B.# 12 EL =H.01

표 4. 봉정사의 사천왕상의 성분 분석표 Cu⟩Pb⟩Sn⟩Fe

54 금동 불상의 성분

이러한 분석의 중요성은 지역에 따른 생산 원료의 질적 차이 또는 지역이나 연대의 차이에 따른 합금 배합(配合)의 전통 등의 차이가 구체적으로 나타나서 그것이 곧 연구의 중요한 자료가 되기 때문이다.(이상의 자료는 문화재연구소 보존과학연구실에서 분석한 결과이며 이 자료의 제공과 게재를 허락한 김동현 보존과학연구실장에 감사한다.)

우리나라 금동 불상의 기원

　우리나라에서 금동 불상의 제작이 언제부터 어떠한 형태에서 출발하였는지는 분명하지 않다. 「삼국사기」에 의하면 고구려 소수림(小獸林)왕 2년(372)에 중국 화북(華北)의 오호십육국(五胡十六國) 가운데 하나인 전진(前秦)에서 순도(順道)라는 스님을 고구려에 보내어 불상과 경문을 전한 것이 한국에 불교가 전래된 최초의 기록이다. 그러나 이때 전해 온 불상은 중국제의 불상이고 고구려에서는 이 불상을 모본으로 최초의 불상을 제작하였을 것이지만 이 두 불상 모두 현재는 전하지 않는다. 뿐만 아니라 고구려에 전해진 전진의 불상은 당시 곧 4세기경에 북중국에서 유행하던 형식의 금동상일 것으로 짐작되지만 고구려에서 최초로 제작한 불상에 관해서는 그것이 어떠한 재료로 제작하였는지도 분명하지 않다.

　이러한 사정은 백제나 신라의 경우도 동일하다. 그러나 고구려에 전해진 최초의 불상이 금동 불상이었고 삼국시대가 전개되기 이전부터 우리나라 전역에서 주동(鑄銅) 기술이 상당히 발달되어 우수한 제품을 생산하던 청동기시대가 존재하였다는 사실에 비추어 볼 때 최초의 불상은 그러한 기술을 이용한 금동 불상이 아니었을까

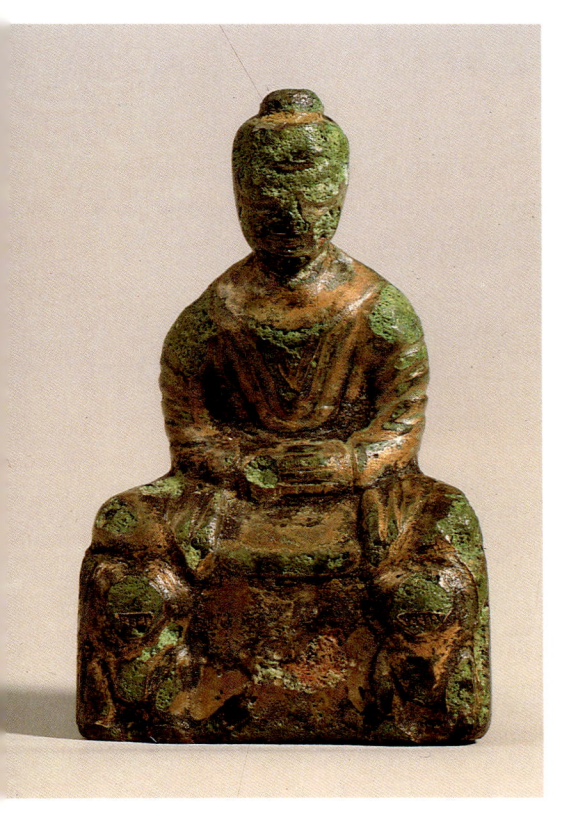
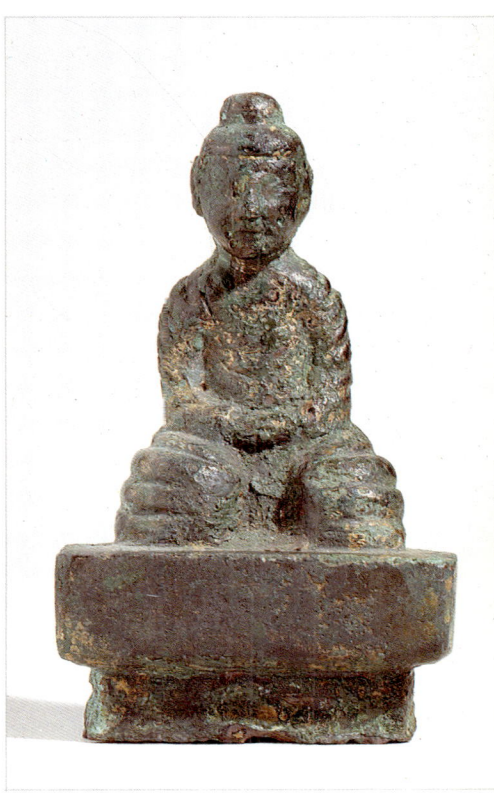

뚝섬 발견 금동 좌상 1960년 서울 뚝섬에서 발견되었다. 불상의 형식과 세부의 조각
양식이 4세기경 북중국에서 유행하던 금동 불상과 유사하므로 이 불상은 중국에서
제작되어 우리나라에 유전된 것이다.(위 왼쪽)
부여 신리 발견 금동 좌상 뚝섬 발견 금동 좌상보다 앞서 1959년에 부여군 규암면
신리에서 발견된 불상이다. 뚝섬 발견 금동상에 비하면 상당히 약식화되었지만 그
형식에 있어서 같은 계열에 속하는 작품이라 할 수 있다.(위 오른쪽)

생각된다.

　한편 1960년 4월 서울 근교 뚝섬에서 높이 5센티미터의 금동 불상이 발견되었는데 이 불상의 형식과 세부의 조각 양식이 4세기경 북중국에서 유행하던 금동 불상과 유사하여 이 불상은 중국에서 제작되어 우리나라에 유전(流傳)된 것이며 이보다 앞서 1959년에는 부여군 규암면 신리(新里)에서 발견된 높이 5.5센티미터의 금동 불상은 뚝섬 금동상에 비하면 상당히 약식화되었지만 그 형식에 있어서 같은 계열에 속하는 작품이라고 할 수 있다.

　이상과 같은 자료를 종합하면 다음과 같은 추정이 가능할 것이다. 우리나라에 전래된 최초의 불상은 4세기경 중국에서 유행하던 석조 '건무4년'명 금동불 좌상계의 금동상이었을 것이고, 우리나라에서는 불교 전래 시기에서 머지 않은 곧 4세기 말경에는 최초의 불상이 제작되었을 것이다. 또한 그 불상은 서울 뚝섬이나 부여 신리에서 발견된 불상 곧 불교 전래와 함께 전해진 중국 불상을 모본으로 한 금동 불상이었을 것이다.

57쪽 사진

57쪽 오른쪽 사진

11쪽 사진

우리나라 금동 불상의 유행

    우리나라에서 제작한 금동 불상으로 6세기 이전의 작례는 현존하지 않는다. 「삼국사기」나 「삼국유사」의 기록에는 불교가 전래되자 곧 절을 지어 승려를 거처하게 하였고 백제에서는 392년에 벌써 백성들로 하여금 불교를 믿어서 복을 구하라고 한 점으로 보아 응당 불상을 제작하여 봉안하였으리라고 생각되나 당시의 작례가 없고 이 점은 석불상에서도 동일하다.

    재료에서 오는 내구성을 비교하면 석불상이 훨씬 강했을 것인데도 역시 6세기 이전의 작례가 없음을 보면 석불상에 앞서 금동 불상이 제작되었다 해도 모두 많은 수가 인멸되었을 것으로 생각되는데, 이 점은 현존하는 삼국시대 금동 불상의 수와 석불상의 수를 비교하면 이해할 수 있으며 이러한 현상은 이후에도 계속된다.

    이와 같이 금동 불상은 불교 전래 이후 조선시대에 이르기까지 계속 제작되어 우리나라 불상 조각 연구에서 큰 비중을 차지하고 있다. 따라서 각 시대의 금동 불상 양식도 변천의 자취를 보이는데 그 실상은 석조 불상의 경우와 크게 다를 바 없다. 다만 우리나라 불상의 한결같은 경향은 제작 연대를 명시한 명(銘)을 가진 금동상이 한 점도 없다는 점이며 따라서 양식 편년에 상당한 어려움이 있다.

한편 앞에서 열거한 바와 같이 과학적인 방법을 이용한 주조 기법의 구명, 합금 성분의 성분 분석 등을 시대별로 분류할 때 그 시대의 특징을 주출할 수 있어 제작 연대 판정의 한 방법으로 이용할 수 있을 것이다. 그러나 우리나라에서는 이러한 연구가 극히 초보 단계에 있으므로 편년은 그 불상 자체의 양식에 의존하는 수밖에 없으나 금동 불상은 석불상에 비해 세부의 표현이 분명하므로 금동 불상의 편년은 석불상의 편년에까지 도움을 준다.

지금도 땅속에서 우연한 기회에 금동 불상이 발견되고 그 가운데에는 상당히 우수한 작품도 있어서 각 시대에 걸쳐 아주 많은 금동상이 제작되었음을 알 수 있다. 그러한 발견 장소는 탑파에서 또는 절터(寺址)에서 발견되지만 유구의 성격을 가질 수 없는 곳에서 발견되기도 한다.

현재까지 알려진 금동 불상의 종류는 여래상과 보살상이 대부분이지만 삼국시대에는 삼존상과 반가상이 상당수 발견되었고 그 밖에도 나한상, 탄생불상, 사천왕상, 주악상, 불감(佛龕) 등 각종 불상이 제작되었다. 또 여래상에서도 아미타여래, 비로자나불, 약사여래 등과 보살상도 관음보살, 지장보살 등이 있으나 그 가운데에서도 미륵보살 반가상의 제작은 매우 성행하여 우수작이 많으며 그 여운은 조선시대까지 이어지고 있다. 자세도 입상, 좌상과 반가상에 한정되고 열반형(涅槃形)인 와불(臥佛)은 없다.

우리나라 금동 불상의 작례

삼국시대 이래 우리나라에서 제작된 금동 불상의 수는 현재까지 알려진 예만도 크고 작은 것이 수백에 달할 것이다. 이 많은 금동상들은 각 시대를 따라 조형 감각을 달리하였으며 때로는 외래 양식을 수용하면서도 우리나라 금동 불상으로서의 개성을 발휘하였다. 여기서는 각 시대를 따라 특색있는 조상례 약간씩을 예시하겠고 편의상 금제 불상과 동제 불상도 포함시켰다.

삼국시대

연가7년명 금동불 입상(국보 119호, 높이 16.2센티미터, 국립중 7쪽, 14쪽 사진 앙박물관 소장)

이 불상은 1963년 경남 의령군 대의면에서 우연히 발견되었다. 육계는 크고 얼굴은 갸름하며 입가에는 완연한 미소가 보인다. 긴 목에는 삼도가 없고 법의는 통견에 전면에서 V자형의 주름이 밑으로 반복되고 좌우로는 넓게 전개되었다. 두 손은 통인인데 여원인의 약지와 소지를 꼬부렸다. 발 밑의 원추형 대좌 밑에는 단판 복련과 그 밑에 얕은 원통형 받침이 있다. 큰 주형 광배에는 전면에 화염문이 음각되었고 배면에는 '연가7년세재기미(延嘉七年歲在己未)' 운운의 음각명이 있으나 '연가'의 연호는 문헌에 보이지 않아 연대가 불분명하고 '기미'의 간지를 근거로 599년으로 추정되나 539년이라는 설도 있다. 머리에만 청록이 있을 뿐 전면이 금색이다.

63쪽 사진 **금동 미륵보살 반가상**(국보 118호, 높이 17.5센티미터, 김동현 소장)

이 반가상은 1940년경 평양에서 발견된 것으로 고구려 반가상으로서는 현재까지 유일한 예이다. 비록 오른쪽 팔과 손이 절단되었고 그 밖에도 많은 손상이 있으나 백제나 신라의 반가상과 동일한 형식을 갖추고 있어 삼국이 모두 반가상을 제작하였음을 알리는 확실한 작례이다.

15쪽 사진 **신묘명 금동 삼존상**(국보 85호, 높이 11.5센티미터, 김동현 소장)

이 불상은 황해도 곡산에서 발견되었다고 전한다. 삼국시대에는 삼존이 하나의 주형 광배 안에 포함되는 이른바 일광 삼존 형식이 유행하였다. 이 삼존상도 그 일례로서 본존은 별주하였고 배면에 촉이 있어 광배 구멍에 꽂게 되었다. 삼존의 상호, 본존의 수인, 법의의 착의 형식, 좌우 보살의 X형으로 교차된 천의 형식 등 모두 삼국시대 불상의 양식을 따랐고 광배에는 음각 화염문 속에 3구의 화불을 배치하였다. 대좌를 잃었으나 광배 배면에는 '경4년재신묘(景四年在辛卯)'로 시작되는 8행 67자의 명문이 있으나 '경(景)'의 연호는 사용 연대가 불분명하고 '신묘'의 간지로 보아 571년 작품으로 추정된다.

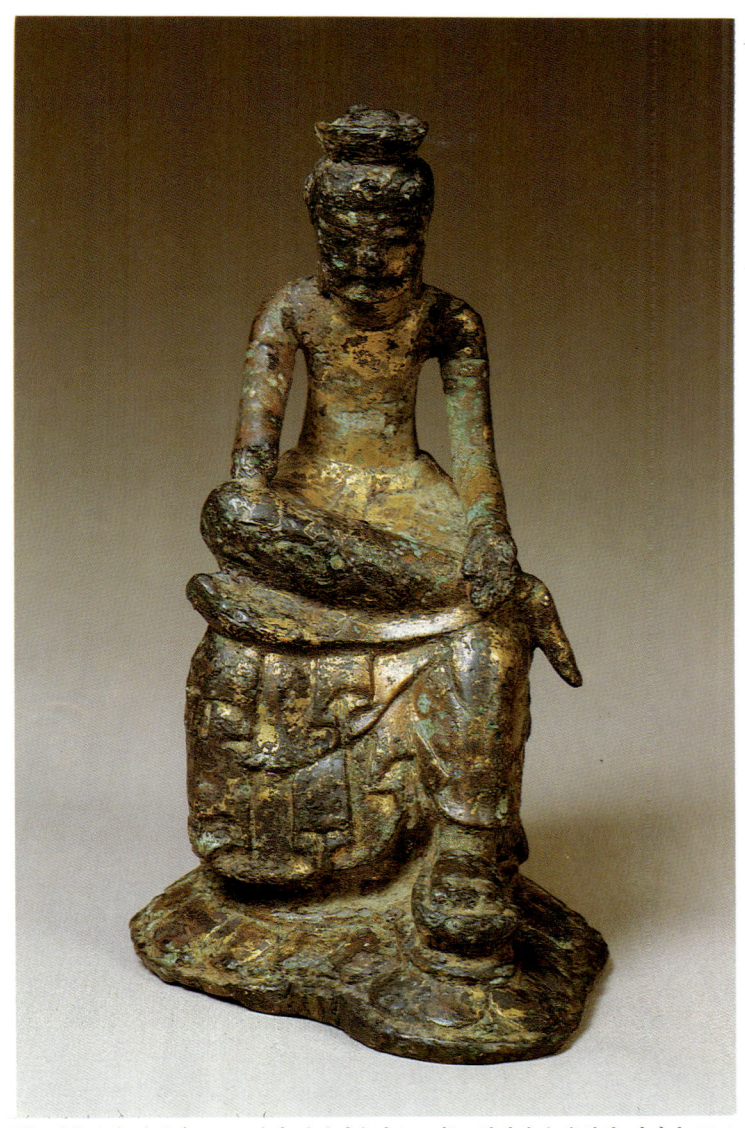

금동 미륵보살 반가상 고구려의 반가사유상으로서는 현재까지 유일한 예이다. 국보 118호, 높이 17.5센티미터, 김동현 소장.

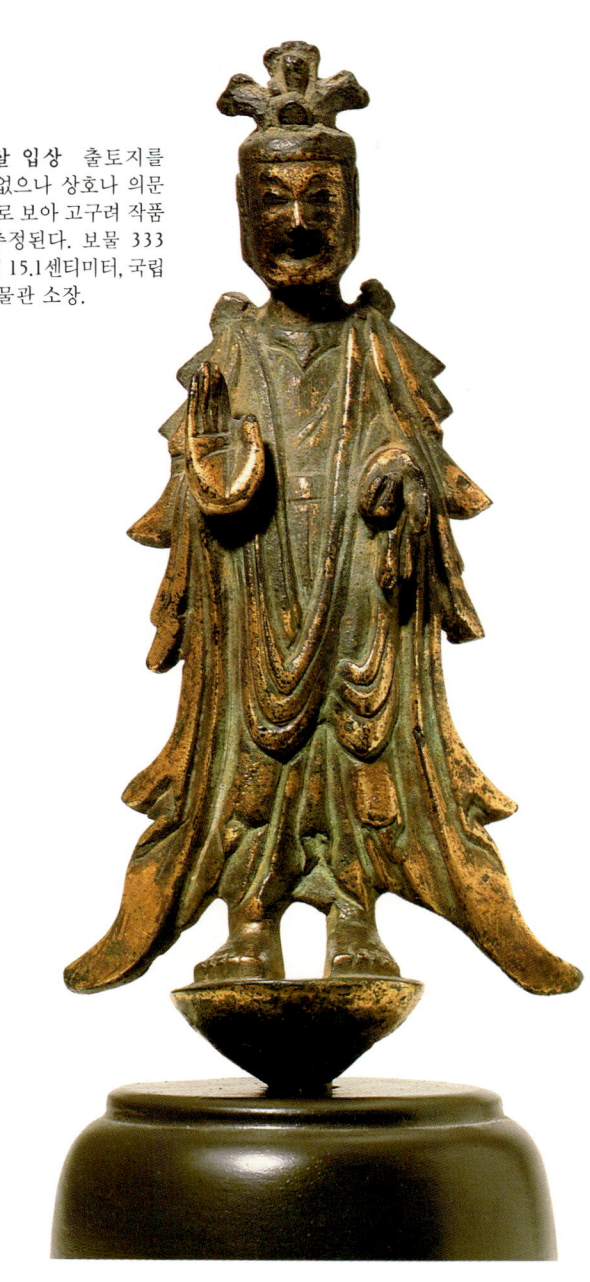

금동 보살 입상 출토지를
알 수 없으나 상호나 의문
양식으로 보아 고구려 작품
으로 추정된다. 보물 333
호, 높이 15.1센티미터, 국립
중앙박물관 소장.

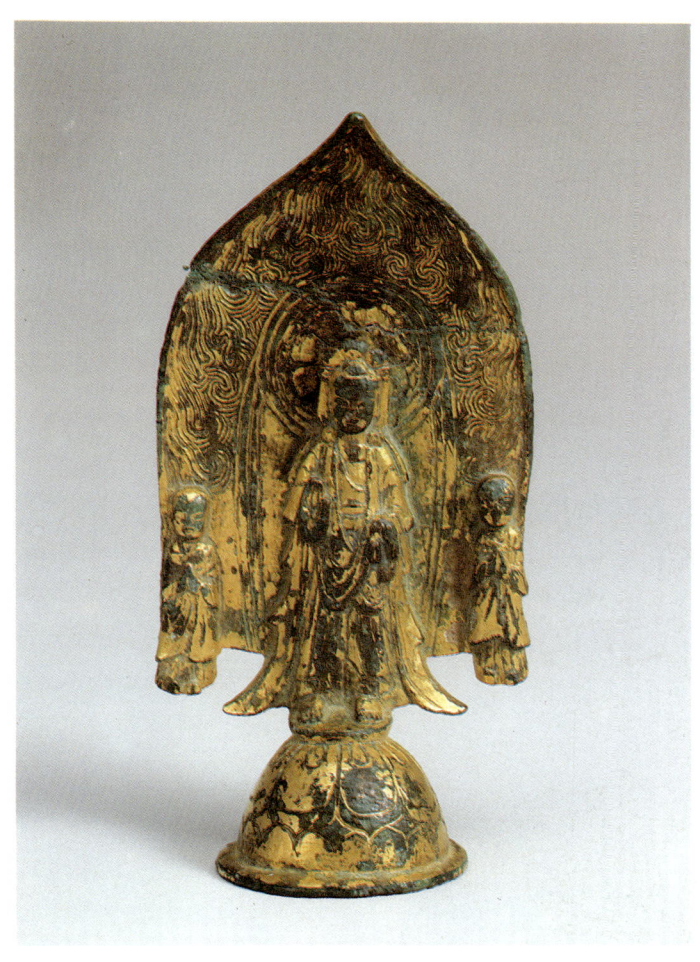

금동 보살 삼존상　다분히 백제 양식에 가까운 이 일광 삼존상은 본존이 보살상이라는
점이 특이하다. 국보 134호, 높이 8.8센티미터, 호암미술관 소장.

금동 보살 입상(보물 333호, 높이 15.1센티미터, 국립중앙박물관 소장)

이 불상은 출토지도 알 수 없고 명문도 없으나 방형의 상호, 강직한 의문 그리고 어깨에서부터 좌우로 여러 단에 걸쳐 옆으로 예리하게 뻗은 천의 자락 등으로 보아 고구려 작품으로 추정된다. 머리에는 평면으로 표현된 삼면관을 썼고 몸에 비하여 큰 통인의 손 가운데 여원인의 소지와 약지를 꼬부리는 삼국시대 불상의 특징을 보이고 있다. 대좌와 광배를 잃었으나 원숙한 솜씨를 보여 주는 우수작의 하나이다.

금동 보살 삼존상(국보 134호, 높이 8.8센티미터, 호암미술관 소장)

춘천 지방에서 출토되었다고 전하나 다분히 백제 양식에 가까운 이 일광 삼존상은 본존이 여래상이 아닌 보살상이라는 점이 특이하다. 본존은 머리에 구슬 같은 평면 삼면관을 썼고 두 손은 통인에 천의가 앞에서 X형을 이루었다. 양 협시는 합장한 승형(僧形) 입상이고 광배에는 화염문이, 복발형 대좌에는 중엽 연판이 각각 음각되었다.

군수리 출토 금동 보살 입상(보물 330호, 높이 11.5센티미터, 국립중앙박물관 소장)

이 불상은 1936년 부여읍 군수리 소재의 절터 발굴 조사 도중 탑지 땅속에서 발견되었다. 삼국시대 보살 양식을 고루 갖춘 불상이면서 고구려 불상과는 달리 매우 유연한 감각을 풍기고 있다. 그러한 감각은 의문, 좌우로 전개된 의단, 복련좌의 연판 양식 등에서 뚜렷하게 느껴진다. 보관은 세 개의 구형으로 된 삼면관을 평면에 배치하여 삼국시대 보살상의 특색을 보였고 오른손은 들어서 소지

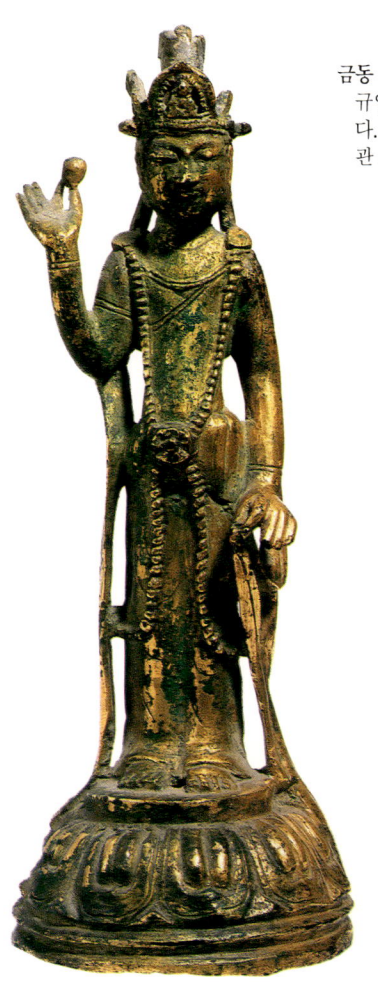

금동 관음보살 입상 이 보살상은 1907년 부여군 규암면에서 발견된 2구의 보살상 가운데 하나이다. 보물 195호, 높이 21.1센티미터, 국립중앙박물관 소장.

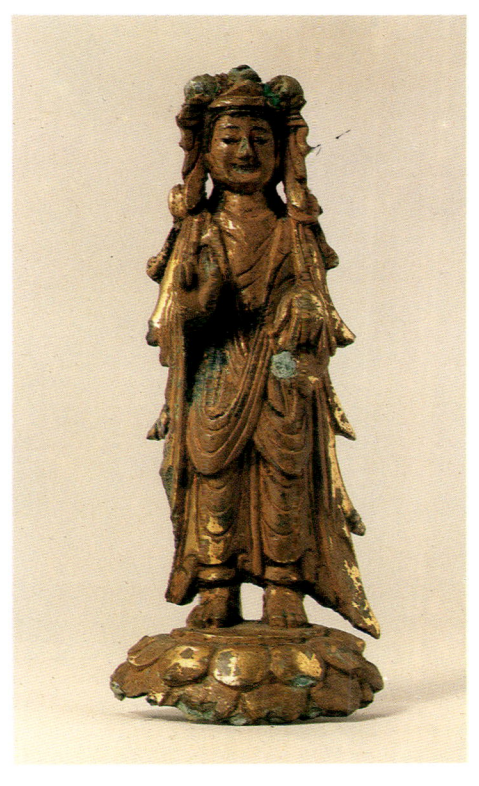

군수리 출토 금동보살 입상 삼국시대 보살 양식을 고루 갖춘 불상이면서 고구려 불상과는 달리 매우 유연한 감각을 풍기고 있다. 보물 330호, 높이 11.5센티미터, 국립중앙박물관 소장.

금동 미륵보살 반가상
국보 83호 금동 미륵보살 반가상과 더불어 우리나라 금동 반가상의 쌍벽을 이루는 걸작이다. 국보 78호, 높이 83.2센티미터, 국립 중앙박물관 소장.

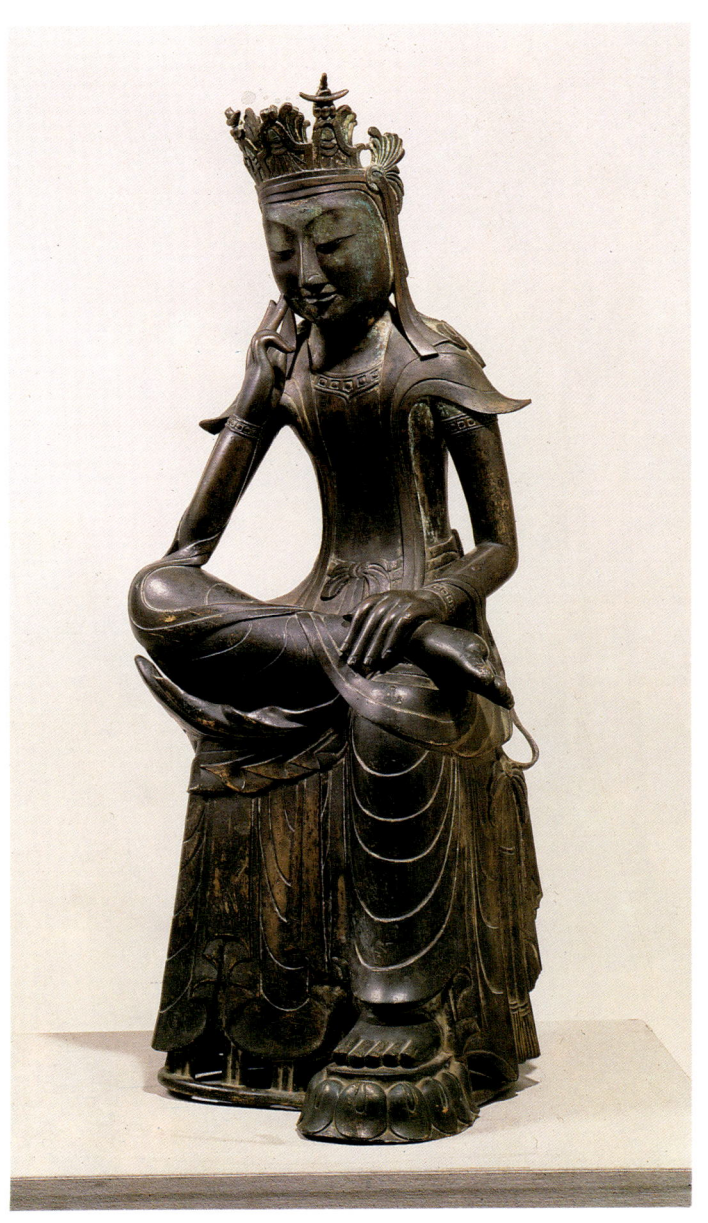

와 약지를 꼬부렸고 왼손으로는 옥환을 잡았다. 오랫동안 흙 속에 있어서 산화가 많으나 아직도 맑은 금색이 아름답다. 출토지와 관계 기록이 확실한 중요한 불상이다.

계미명 금동 삼존상(국보 72호, 높이 17.5센티미터, 간승미술관 소장) 16쪽 사진

호남 지방에서 출토되었다고 전하는 이 불상은 큰 주형 광배에 삼존을 표현하여 일광 삼존의 형식을 취하였다. 도금이 잘 남아 있으며 특히 대좌에는 복판 3중의 복련이 있고 각 판단에는 점문을 찍어서 특색을 보이고 있다. 삼존 모두 손은 크며 본존 전면에는 V자형의 주름이 있으며 협시 보살의 보관은 평면 삼면관이고 각각 복련좌 위에 시립하였다. 광배 배면에는 '계미년 11월 1일(癸未年 十一月一日)' 운운의 명문이 있다. '계미'는 563년에 비정되고 있다.

금동 관음보살 입상(보물 195호, 높이 21.1센티미터, 국립중앙 박물관 소장) 67쪽 왼쪽 사진

이 보살상은 1907년 부여군 규암면에서 발견된 2구의 보살상 가운데 하나이다. 몸은 장신이고 머리에 쓴 삼면관 중앙에는 화불이 있고 어깨에서부터 앞뒤로 영락이 늘어졌다. 오른손은 높이 들어 보주를 잡고 왼손은 늘어뜨려서 천의를 잡았다. 대좌는 복판 복련이 다. 전신에 금색이 은은하게 빛나고 얼굴에는 부드러운 미소와 함께 보살의 성격이 잘 표현되었다.

금동 미륵보살 반가상(국보 78호, 높이 83.2센티미터, 국립중앙 박물관 소장) 68쪽 사진

이 반가상은 국보 83호 금동 미륵보살의 반가상과 더불어 우리나

라 금동 반가상의 쌍벽을 이루는 걸작이다. 원래 전면에 도금되어
있었으나 지금은 대부분 벗겨지고 일부에만 남아 있다. 머리에 쓴
복잡한 관은 다른 보살상에서 볼 수 없는 특색이며 상호에는 미소를
띠어 근엄과 자비를 겸비하였다. 두 무릎을 거쳐서 원형 대좌까지
덮은 천의의 표현은 약간 평면적이기는 하나 아름답다(금동 불상의
제작 기법 참조).

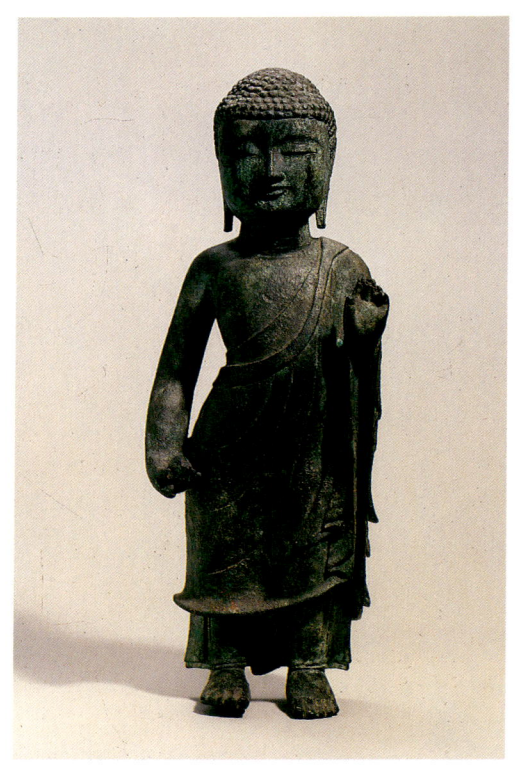

청동 약사여래 입상 광배와 대좌를 잃었으나 조형에서 당당한 장부의 인상을 준다.
높이 30.5센티미터, 국립중앙박물관 소장.

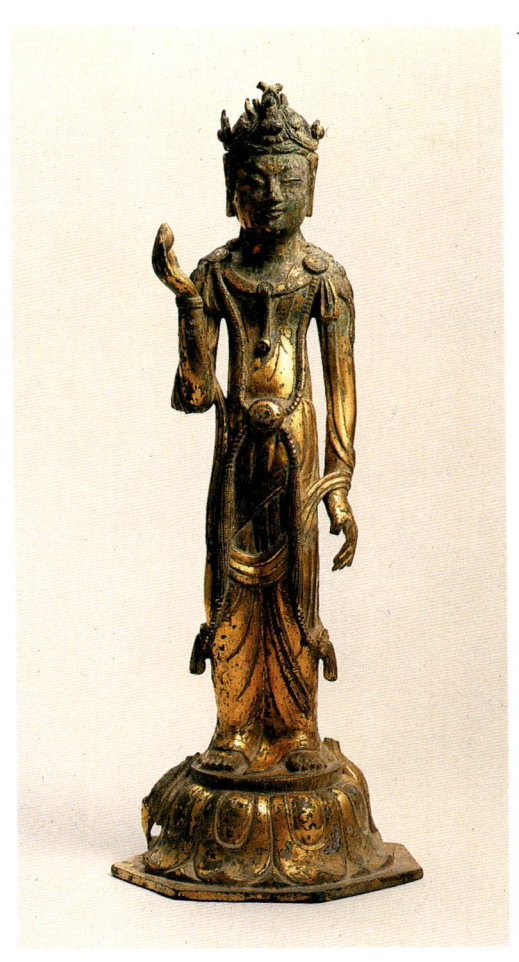

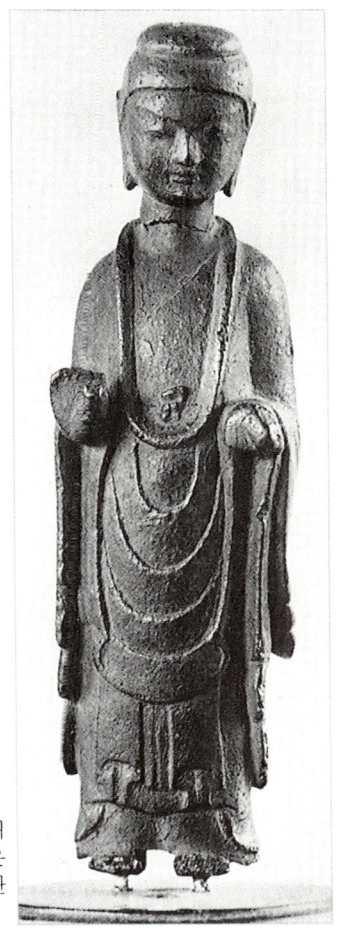

금동 보살 입상　1976년 선산군 고아 면에서 발견된 일괄 3구의 불상 가운 데 하나이다. 국보 183호, 높이 34 센티미터, 국립중앙박물관 소장.

금동 여래 입상　삼국시대 말기 양식을 보여 주는 좋은 예이다. 국립중앙박물관 소장.

금동 미륵보살 반가상(국보 83호, 높이 93.5센티미터, 국립중앙 박물관 소장)

머리에는 얕은 삼면관을 썼고 상호는 풍만한 가운데 미소를 머금 고 있다. 목에 가는 목걸이를 걸었을 뿐 상체는 나신이며 얇은 상의 (裳衣)가 두 무릎을 거쳐 원형 대좌 위에 입체적이고 아름다운 의문 을 표현하였다. 반가상의 통례로서 오른손은 들어서 손가락을 뺨에 대었는데 왼손, 오른발의 표현은 극히 동적이다. 전신에 아직 은은한 금색이 남아 있고 머리 뒤에는 긴 꼭지가 있어 광배를 꽂았던 자리 로 보인다(금동 불상의 제작 기법 참조).

금동 여래 입상(국립중앙박물관 소장)

육계는 크면서 납작한 원반형이고 상호는 약간 숙이면서 무표정 하여 오히려 정적인 분위기를 자아낸다. 두 어깨에는 법의가 무겁게 걸려 있고 앞에서 U자형 주름이 반복되었으나 옆으로 전개되지는 않았다. 대좌를 잃었고 두 손은 크게 손상되었으나 통인인 듯하고 목에 턱이 져 있음은 머리를 따로 주조하여 연결한 듯하다. 삼국 말기 양식을 보여 주는 좋은 예라고 하겠다.

청동 약사여래 입상(높이 30.5센티미터, 국립중앙박물관 소 장)

몸에 비해 머리가 크고 우견 편단에 오른손을 허리에 대서 약호를 든 형식의 약사여래상이 한때 유행하였는데 이 상도 그 가운데의 한 예이다. 목에 삼도가 보이며 왼쪽 어깨에서 늘어진 법의에는 넓은 깃 밑으로 음각선 3조가 있는 간단한 주름이다. 광배와 대좌를 잃었으나 조형에서 당당한 장부의 인상을 준다.

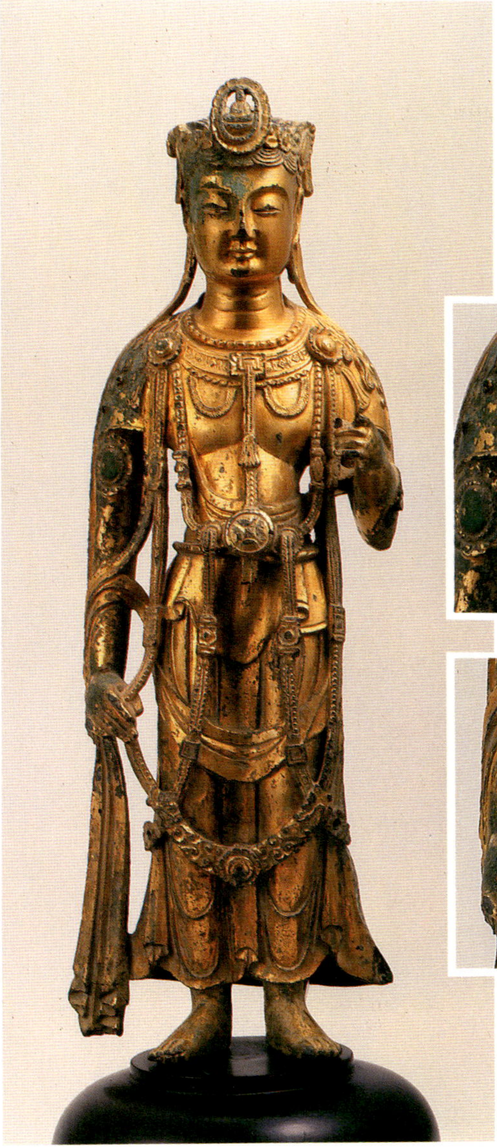

금동 보살 입상 선산군 고아면에서 국보 183호 금동 보살 입상과 함께 발견되었다(왼쪽). 불상 전면에 있는 화려한 장엄구가 특히 주목되며 오른손은 영락을 잡았고(아래) 왼손은 정병을 잡았던 듯하나 손상으로 인해 없다(맨 아래). 국보 184호, 높이 32센티미터, 국립중앙박물관 소장.

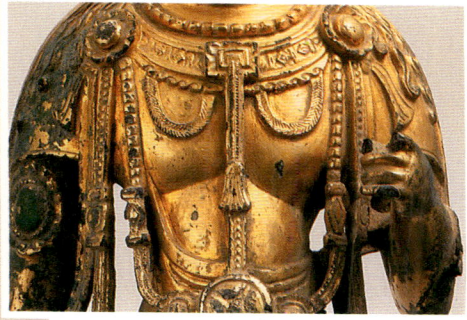

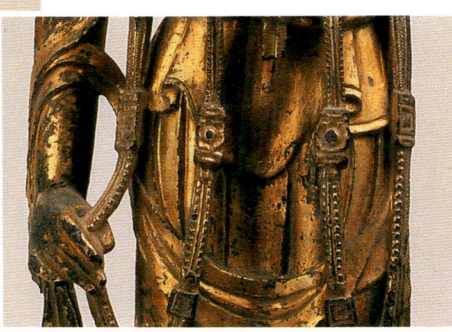

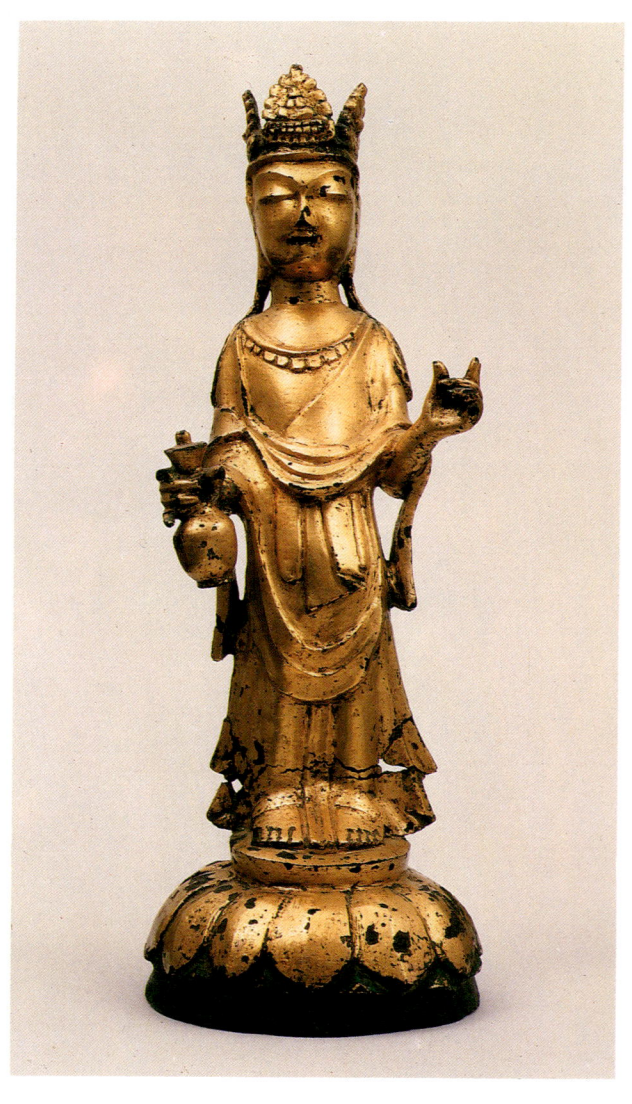

금동 관음보살 입상 단판 복련좌 위에 직립한 상인데 약간의 녹이 있을 뿐 금색이 찬란하다. 국보 127호, 높이 20.7센티미터, 국립중앙박물관 소장.

금동 보살 입상(국보 183호, 높이 34센티미터, 국립중앙박물관 71쪽 왼쪽 사진
소장)

1976년 선산군 고아면에서 발견된 일괄 3구의 불상 가운데 하나
이다. 보관 정면에는 화불이 있고 상체는 나신이며 하체에만 상의를
걸쳤다. 목에는 긴 목걸이를 걸었고 몸 앞뒤에는 영락이 장식되었
다. 오른손은 앞으로 들어 보주를 잡았고 왼손으로는 옆에서 천의를
잡았는데 좌우로 늘어진 천의는 중간에서 절단되었으나 끝은 8판
연화 대좌에까지 늘어졌다.

금동 보살 입상(국보 184호, 높이 32센티미터, 국립중앙박물관 73쪽 사진
소장)

선산군 고아면에서 국보 183호 금동 입상의 보살상과 함께 발견
되었다. 이 보살상은 전면에 있는 화려한 장엄구가 특히 주목되는데
그 주조 기술 또한 놀랍다. 보관 전면에 화불이 있어 관음보살임을
알겠고 오른손으로는 옆에서 영락을 잡았고 왼손으로는 정병을
잡았던 듯하나 손가락 끝의 손상과 함께 정병은 보이지 않는다.
배면에도 복잡한 의문이 있으며 머리 뒤의 작은 꼭지는 광배를 달았
던 자리이다. 전신에 금색이 찬란히 빛나고 있다.

금동 관음보살 입상(국보 127호, 높이 20.7센티미터, 국립중앙 74쪽 사진
박물관 소장)

1967년 서울 도봉구 삼양동에서 발견되었다. 단판 복련좌 위에
직립한 상인데 약간의 녹이 있을 뿐 금색이 찬란하다. 머리에는
높은 삼면관을 썼는데 정면에는 화불이 있다. 신장에 비하여 머리는
큰 편이고 목에는 굵은 목걸이를 걸었다. 천의는 두 팔에 걸쳤고
오른손에는 정병을 들었다. 배면에도 의문이 있는 점으로 보아 대좌
까지 일주(一鑄)된 듯하다.

통일신라시대

경주 구황동 금제 여래 입상(국보 80호, 높이 13.7센티미터,
국립중앙박물관 소장)
경주 구황동 금제 여래 좌상(국보 79호, 높이 12.1센티미터,
국립중앙박물관 소장)

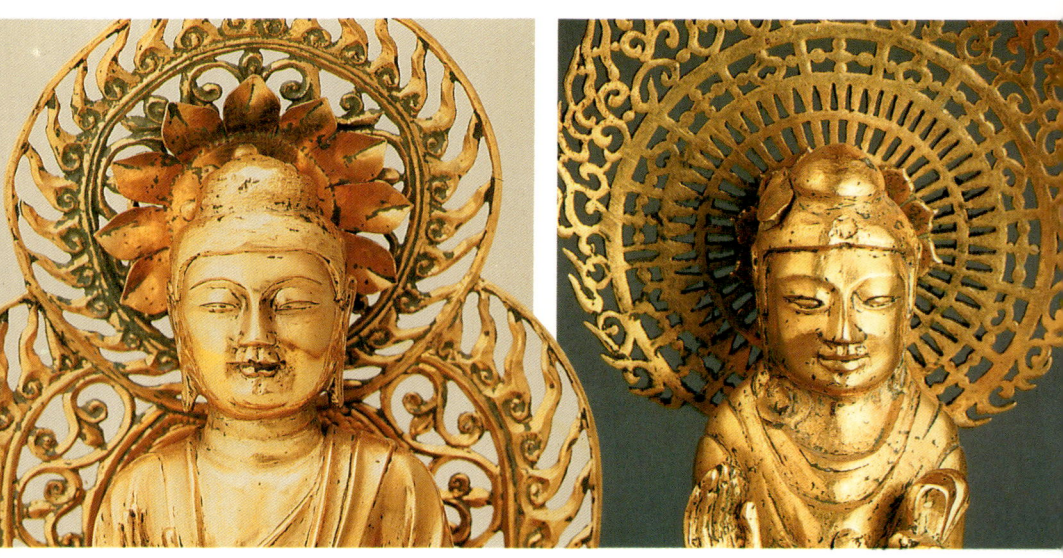

경주 구황동 금제 여래 좌상 불신, 광배, 대좌를 각각 따로 만들었다.(위 왼쪽, 옆면
오른쪽)
경주 구황동 금제 여래 입상 삼국시대 양식과 통일신라시대 양식을 겸유한 작품이
다.(위 오른쪽, 옆면 왼쪽)

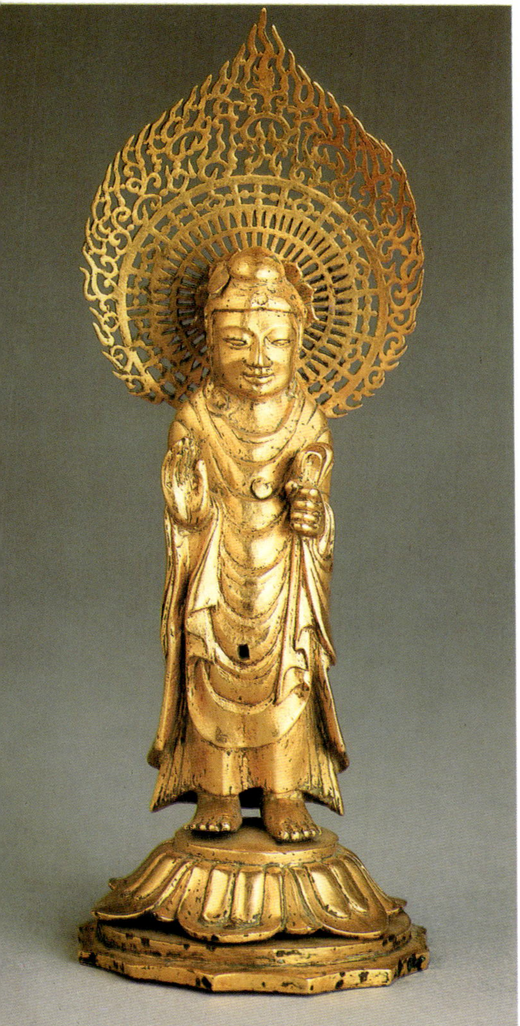

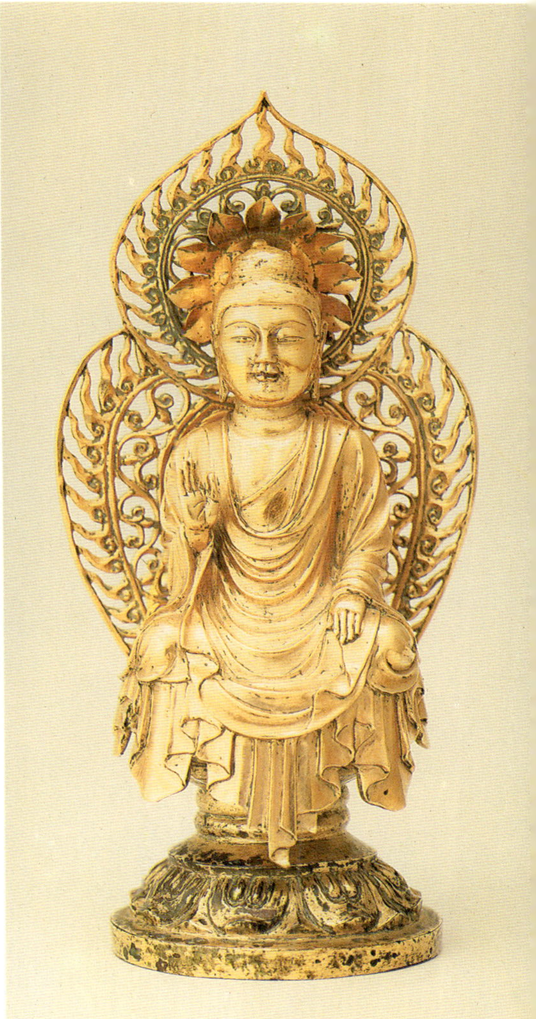

이 2구의 금제 불상은 1943년 경주시 구황동 소재 황복사(皇福寺) 터라고 전해 오는 곳에 있는 3층석탑을 해체 수리할 때 발견되었다. 입상은 삼국시대 양식과 통일신라시대 양식을 겸유한 작품이다. 입가에는 미소가 있으나 목에는 삼도가 없다. 오른손은 시무외인이고 왼손으로는 법의 자락을 잡고 있어 특이하다. 전면에는 반원의 주름이 연속되었고 등 뒤에는 큼직한 틀잡이 구멍과 그 밑에는 구멍을 막은 자리가 있다. 대좌는 복판 복련 연화좌이고 두광은 후두부에 고정시켰는데 방사형과 화염문이 투각된 보주형이다.

좌상은 불신, 광배, 대좌를 각각 따로 만들었다. 불신의 상호에는 만면에 미소가 있고 법의는 대좌를 덮으면서 처져서 좌우 대칭의 고식 주름이 나 있어 삼국시대 양식이 남아 있다. 그러나 목에 삼도가 있고 앙련과 복련으로 된 대좌가 있는 점 등 통일신라시대의 형식도 보이고 있다. 광배는 두광과 신광을 구분하여 당초문과 화염문을 투각하였다.

33쪽 위 사진 **불국사 금동 비로자나불 좌상**(국보 26호, 높이 1.77미터, 경주 불국사 소장)

당당한 체구에 착실한 인체 파악으로 제작된 상으로서 신라 성대(盛代)의 불상 조각의 대표작 가운데 하나라고 할 수 있다. 얼굴 표정이 약간 경직되었고 의문의 표현도 형식화의 경향이 보인다. 오른손 팔꿈치와 왼손에 걸친 법의의 경계선에 각각 접속한 흔적이 보이는 점으로 보아 지권인의 두 손은 별주하였던 듯하다.

33쪽 아래 사진 **불국사 금동 아미타여래 좌상**(국보 27호, 높이 1.66미터, 경주 불국사 소장)

작풍이 앞의 비로자나불과 같은 대작이다. 수인은 중품 중생의 설법인이고 비로자나불과 함께 근래에 개금하여 원래의 금색을 볼 수 없다. 오른쪽 팔꿈치 위아래 두 곳에 접속한 자리가 있는 점으로 보아 오른손을 별주하였던 듯하다.

금동 여래 입상(국보 182호, 높이 40.3센티미터, 국립중앙박물관 소장)

앞서 든 국보 183호, 국보 184호인 두 금동상과 함께 발견되었다. 가는 눈과 꼭 다문 작은 입으로 해서 내면에 간직된 불성이 잘 나타나 있다. 두 다리에는 Y자형의 통일신라시대 불상의 새로운 양식이 보인다. 손끝, 발끝에 손상이 있고 나발 전체와 불신 곳곳에 청록이 보이나 통일 초기의 수작 가운데 하나이다. 배면에는 의문이 없고 머리, 어깨, 다리의 세 부위에 큰 틀잡이 구멍이 보인다.

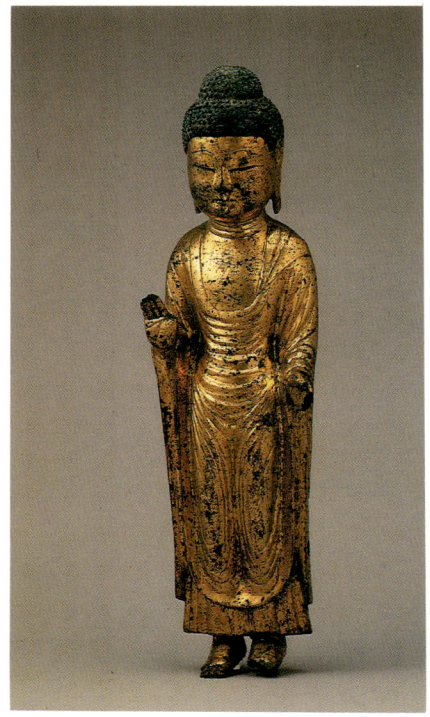

금동 여래 입상 국보 183호, 184호인 두 금동상과 함께 발견된 것으로 통일신라시대 초기의 수작 가운데 하나이다. 국보 182호, 높이 40.3센티미터. 국립중앙박물관 소장.

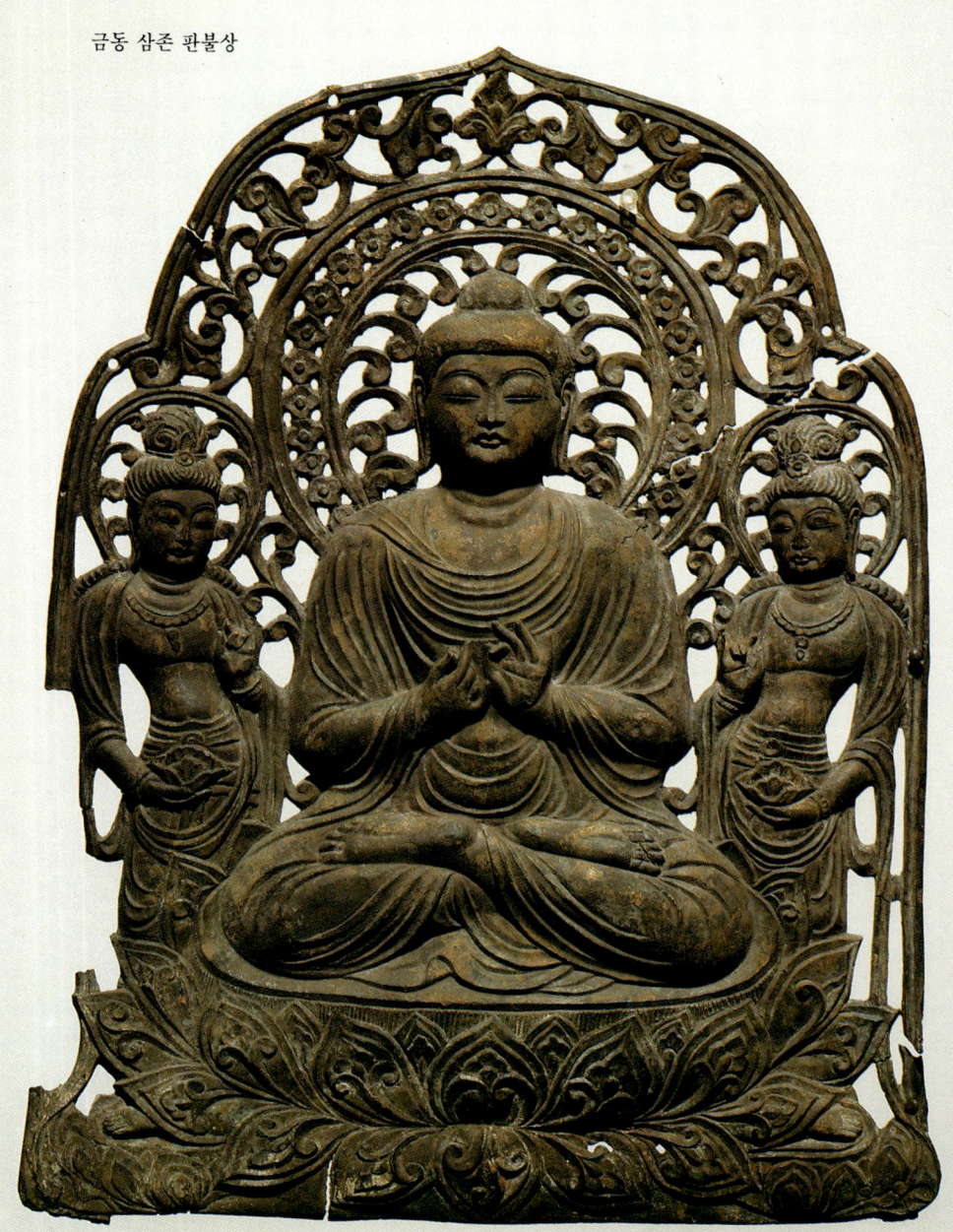

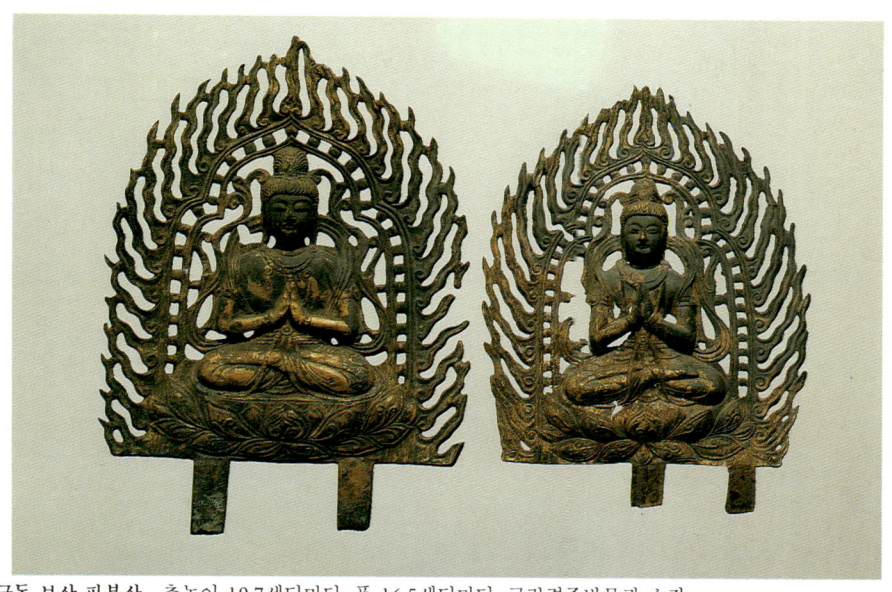

금동 보살 판불상 총높이 19.7센티미터, 폭 16.5센티미터, 국립경주박물관 소장.

금동 삼존 판불상(총높이 27센티미터, 폭 19.5센티미터, 국립경 80쪽 사진
주박물관 소장)

금동 보살 판불상(총높이 19.7센티미터, 폭 16.5센티미터, 국립
경주박물관 소장)

안압지에서 출토된 판불상은 삼존상 2점, 보살상 8점인데 크기는
거의 같다. 두 삼존상은 세부 양식이나 제작 기법이 다르지만 일광
삼존의 형식을 취하고 본존은 나발에 통견 그리고 설법인을 취한
점은 같다. 협시 보살상은 한껏 허리를 본존 쪽으르 튼 유연한 자세
이며 머리에는 높은 관이 있고, 천의와 상의의 으문은 아름다운데
본존 무릎 뒤에 시립하여 발목이 가려진 입체적인 표현이다. 대좌는
보상화형의 만개한 연판이며 연실을 싸듯이 표현되었다. 광배는
당초문, 화문, 고사리형의 문양이 투각되었다.

보살상 역시 높은 보관에 합장한 점, 천의, 장신구, 만개한 보상화형의 연화좌, 당초문과 화염문을 투각한 넓은 광배 등이 거의 같을 뿐 아니라 삼존 판불상과도 공통된 양식을 보인다.

83쪽 사진 **금동 여래 입상**(높이 23.1센티미터, 국립중앙박물관 소장)

광배를 잃었을 뿐 금색이 찬란한 아름다운 불상이다. 육계는 크고 얼굴에서는 신비감이 감돈다. 법의는 통견이고 전면에는 Y자형의 주름이 있고 그 밑으로 군의 자락이 길게 노출되었다. 두 손은 통인의 고식이다. 대좌는 단판 앙련과 복판 복련의 아름답고 안정된 형태이다.

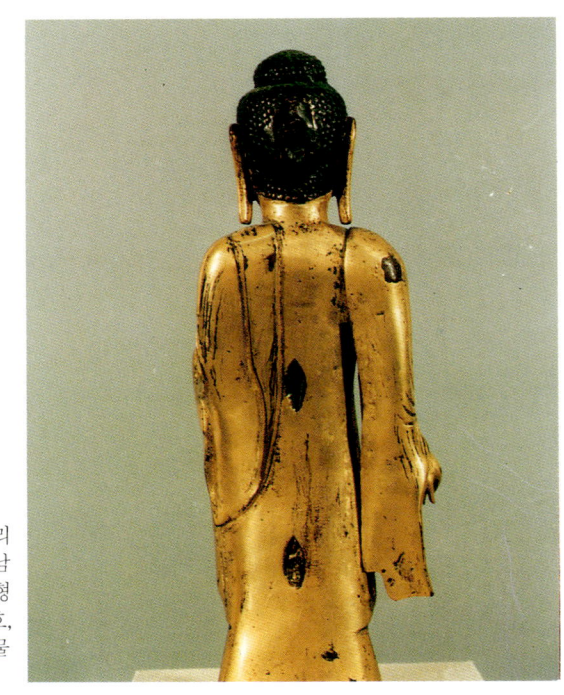

금동 약사여래 입상의 배면 머리 뒤에 광배를 꽂았던 꼭지가 남아 있고 그 밑으로 두 곳에 타원형 틀잡이 구멍이 있다. 보물 328호, 높이 29센티미터, 국립중앙박물관 소장.

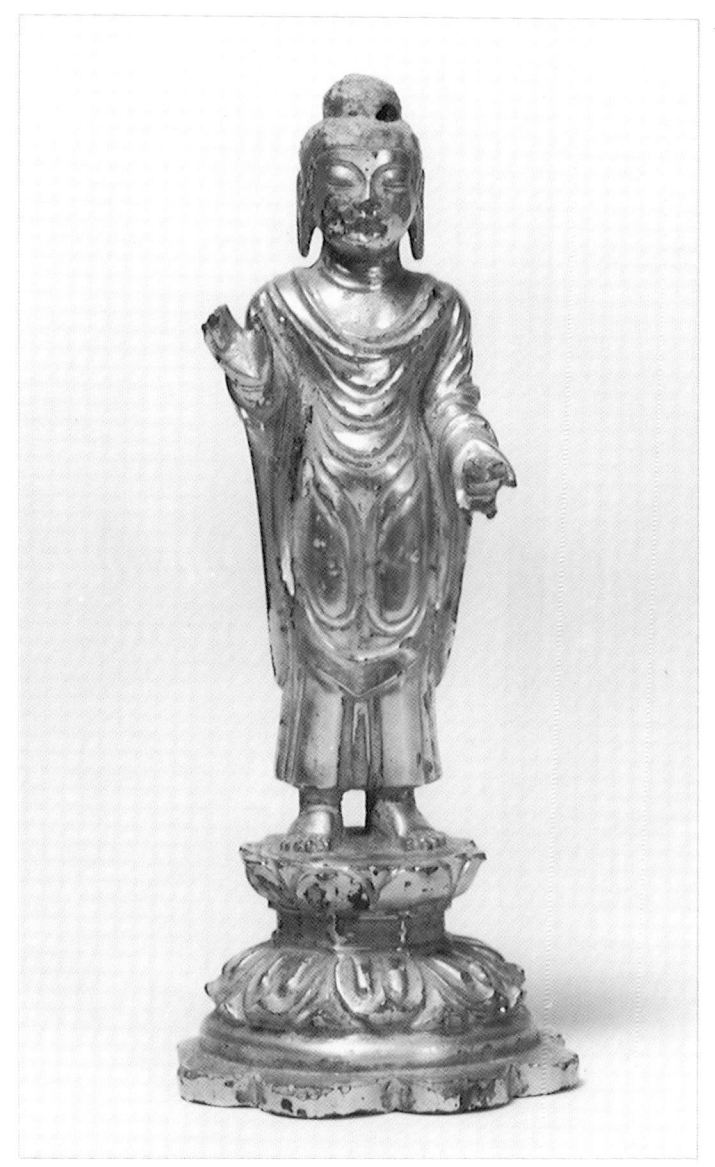

금동 약사여래 입상(보물 328호, 높이 29센티미터, 국립중앙박물관 소장)

나발에 녹이 슬었고 광배와 대좌를 잃었으나 전신이 금색으로 빛나는 불상이다. 얼굴 표정은 눈이 가늘고 꼭 다문 입이 작아서 근엄해 보인다. 법의는 넓은 두 어깨에 걸쳤고 앞에는 반원의 의문이 촘촘히 나 있으며 왼쪽 가슴의 옷깃과 오른손 밑으로 늘어진 옷자락에는 복잡한 의문이 보인다. 왼손은 수평으로 들어서 약호를 받들었고 오른손은 늘어뜨렸는데 오른쪽 팔은 법의와 함께

별주하여 붙였다. 배면에도 약간의 의문이 보이고 머리 뒤에는 광배를 꽂았던 꼭지가 있고 그 밑으로 두 곳에 타원형 틀잡이 구멍이 있다.

백율사 금동 약사여래 입상(국보 28호, 높이 1.77미터, 국립경주박물관 소장)

광배와 대좌를 잃었고 도금은 곳곳에 흔적을 남길 뿐 전면에 채색을 칠했으나 그것마저도 많이 벗겨졌다. 가슴 밑에 엄액의(掩掖衣)와 군의의 매듭이 보이고 밑으로는 반원의 의문이 있는데 다리의 굴곡을 표현하기 위하여 의문선을 끊는 수법을 썼다. 두 손은 별주하여 끼웠던 것이 없어졌고 배후에는 광배의 고다리와 틀잡이 구멍이 있다.

금동 관음보살 입상(높이 14.1센티미터, 국립중앙박물관 소장)

몸이 장신인 데 비해 머리가 작아 비례가 삼국시대의 불상에 가까우나 얼굴은 풍만하고 목에는 삼도가 있다. 보관 중앙에는 화불이 있고 왼손으로는 정병을 들어 관음보살임이 분명하다. 목에는 밑으로 늘어진 긴 목걸이를 걸었고 천의는 어깨와 두 팔을 거쳐 대좌에

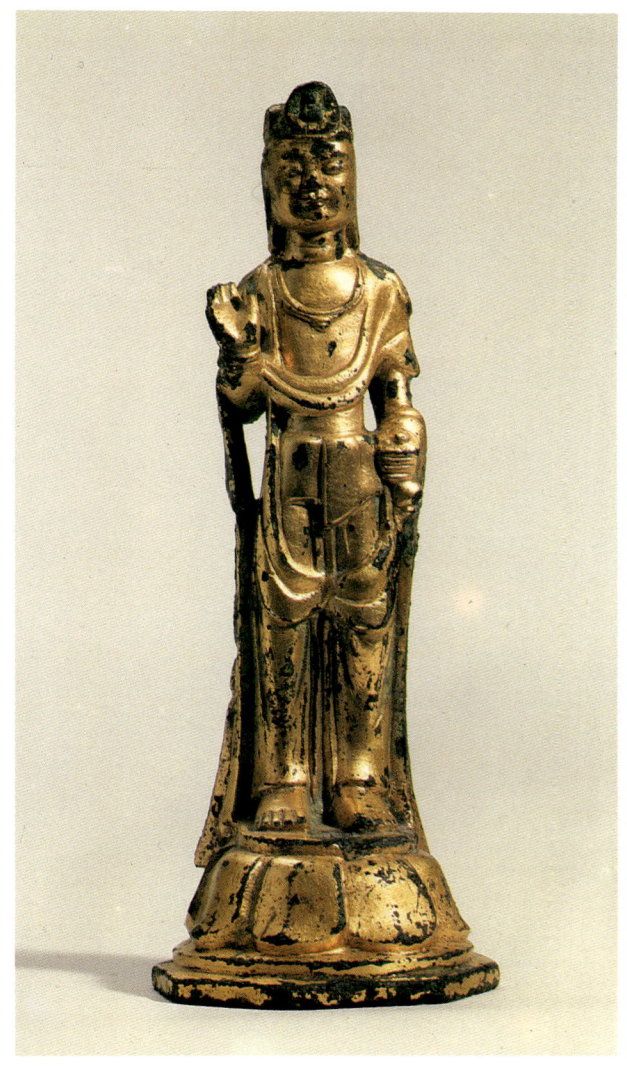

까지 닿았다. 후두부에 광배 촉이 있을 뿐이고 대좌는 단판 복련
8각 연화좌인데 연판은 고식이다.

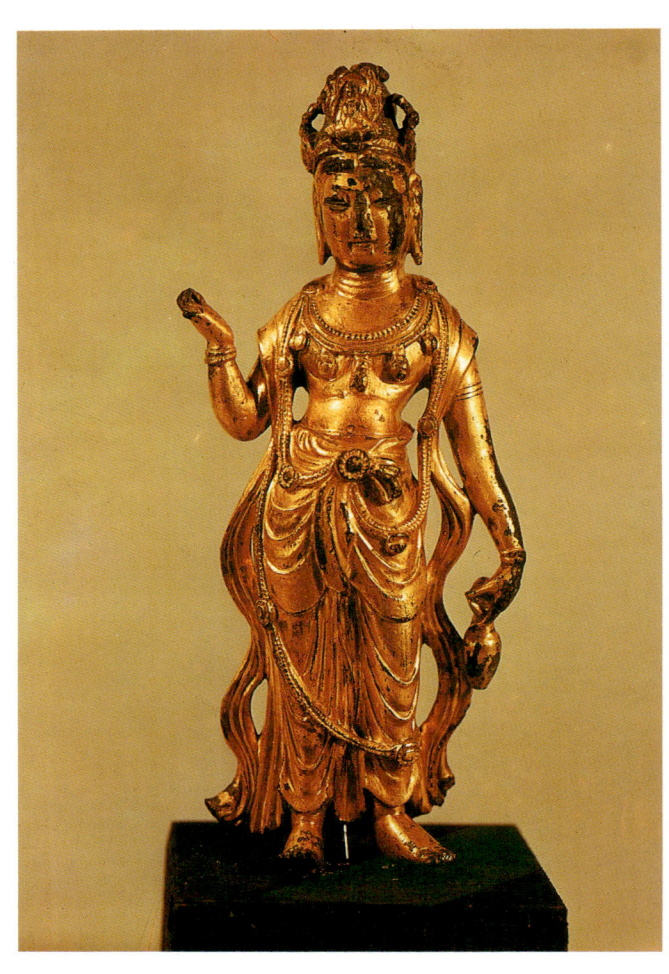

금동 **관음보살 입상** 통일신라시대 보살상에는 허리를 한쪽으로 튼 유연한 자세를
취한 예가 많은데 그러한 불상 가운데 하나로 걸작이다. 보물 927호, 높이 18.2센티
미터, 호암미술관 소장.

금동 관음보살 입상(보물 927호, 높이 18.2센티미터, 호암미술관 소장) 86쪽 사진

화려한 보관에는 화불이 있고 왼손은 길게 늘어뜨려 무릎 가까이에서 정병을 잡았다. 불신 전체가 풍만한 조형이며 신장에 비해 머리가 현저히 커졌다. 목에는 영락이 달린 큰 목걸이가 있고 다시 두 어깨를 거쳐 늘어지는 영락이 아름답다. 나신인 상체 위에 천의를 걸쳤고 그 끝은 곡선을 그리면서 좌우에서 늘어졌다. 통일신라 시대 보살상에는 허리를 한쪽으로 튼 유연한 자세를 취한 예가 많은데 이 불상은 그러한 예 가운데에서도 걸작이다.

금동 보살 입상(국보 200호, 높이 34센티미터, 부산시립박물관 소장) 88쪽 왼쪽 사진

보관, 광배, 대좌를 모두 잃었고 침식으로 인하여 도금의 탈락이 심하나 아직도 고조를 띤 도금색이 아름다운 당당한 불상이다. 높은 발계 밑으로 앞과 좌우에 보관을 고정시켰던 못구멍이 있다. 상체는 나형이고 전신이 약간 비만되어 보이지만 그로 해서 풍만한 양감을 느끼게 한다. 두꺼운 천의가 양옆으로 늘어졌고 오른손은 높이 수평으로 들었고 왼손은 늘어뜨려서 엄지와 장지를 꼬부린 모습이 흡사 정병을 잡았던 듯하다. 허리 뒤에 꼭지가 있고 위아래 네 곳에 큰 틀잡이 구멍이 있으나 밑의 하나는 막았고, 특히 두 팔을 따로 만들어 붙인 자리가 역력히 보인다. 88쪽 오른쪽 사진
89쪽 위, 아래 사진

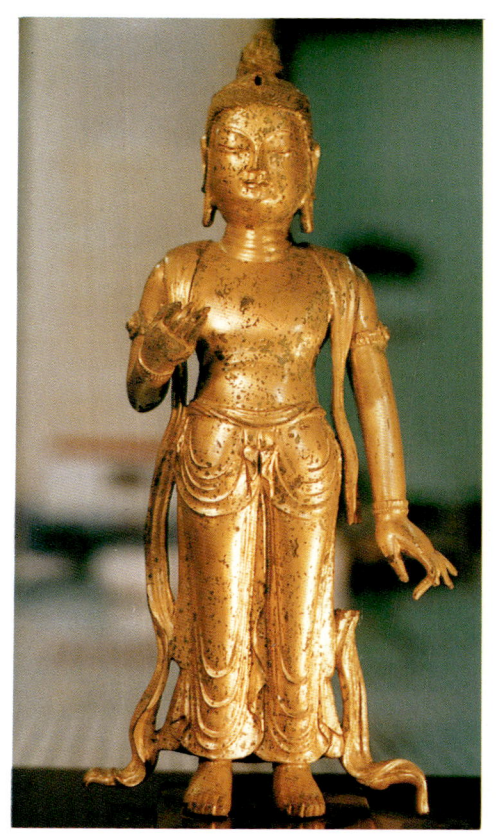

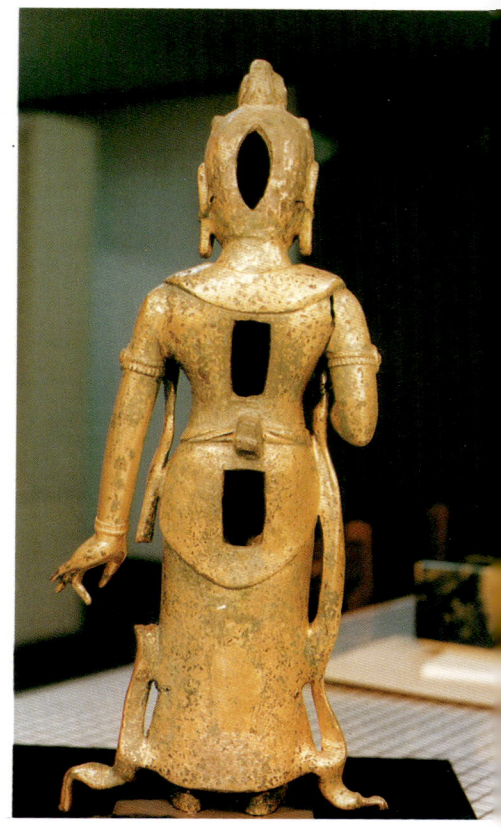

금동 보살 입상 보관, 광배, 대좌를 모두 잃었으나 아름다운 불상이다. 국보 200호,
높이 34센티미터, 부산시립박물관 소장.(위 왼쪽)
금동 보살 입상의 뒷면 틀잡이 구멍이 네 곳에 나 있었으나 맨 밑의 구멍은 막았다.
(위 오른쪽)

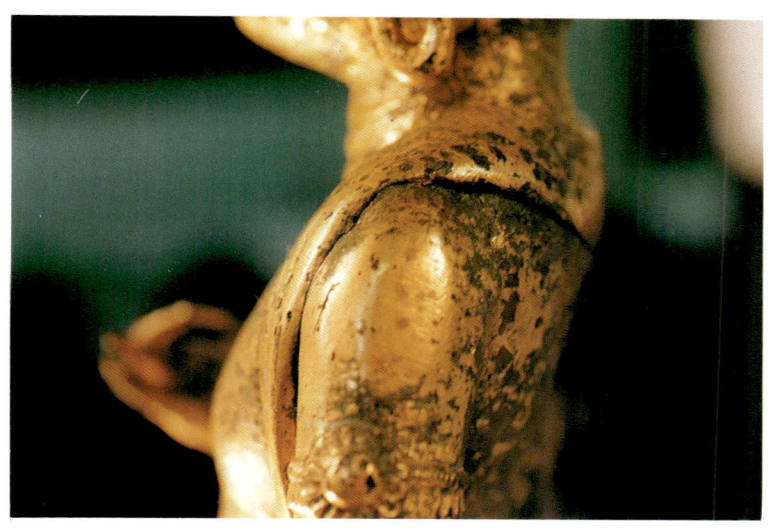

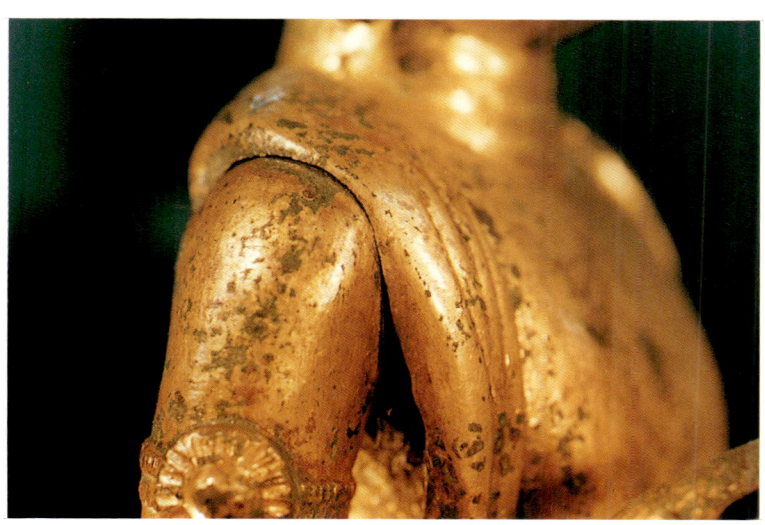

금동 보살 입상의 두 팔을 별주하여 연결한 모습(맨 위, 위)

금동 탄생불(높이 27센티미터, 곽영대 소장)

탄생불치고는 대작에 속한다. 머리는 크고 전신에 살이 올라 유아
(幼兒)의 특징을 살렸다. 머리는 나발이고 입가에는 미소가 있으며
전신 나형에 한 줄 천의가 어깨, 하복부, 팔을 거쳐 발 밑에서 교차
되어 대좌에까지 늘어졌다. 대좌는 앙복련 8각이며 복련에는 귀꽃이
있다.

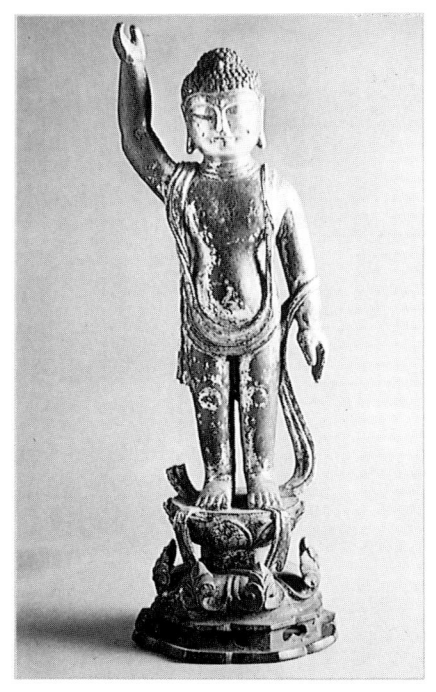

금동 탄생불　삼국시대 이래 탄생불이 많이 만들어졌으나 이 불상은 그 가운데에서도
우수한 대작이다. 오른손은 높이 들고 왼손은 늘어뜨려 탄생불의 독특한 자세를 취하
였다.

고려시대

영탑사 금동 삼존불(보물 409호, 총높이 51센티미터, 본존의 93쪽 사진
높이 27.5센티미터, 보살의 높이 18센티미터, 당진 영탑사 소
장)

고려시대 금동 불상으로서는 드물게 보는 삼존 형식의 불상이
다. 삼존 모두 좌상이고 본존은 머리가 크나 무표정하며 두 손으로
는 지권인을 결했고 통견의 법의 의문은 매우 형식적이다. 양 보살
은 모두 높은 관을 썼으며 목에는 큰 목걸이를 걸었다. 의문은 역시
형식적인데 삼존 모두 대좌를 덮었고 무의미한 종선이 촘촘히 나
있다. 본존의 대좌는 안상이 있는 8각 연화좌이고 양 보살은 여기서
뻗은 꽃봉오리 위에 앉아 있다.

장곡사 약사여래 좌상(보물 337호, 높이 88센티미터, 청양 장곡 94쪽 사진
사 소장)

이 불상은 복장에서 '지정6년병술(至正六年丙戌)'(1346년)이라
는 명기가 발견되어 제작 연대가 분명하고 14세기 중엽 불상치고는
상당히 착실한 조형을 보여 고려 말기 불상의 한 표준작이 될 만하
다. 얼굴은 평범하나 안정되었고 의문도 사실적이다. 왼손은 수평으
로 들어서 약호를 받들어 약사불임이 분명하나 광배와 대좌는 없어
졌다.

금동 세지보살 좌상(보물 1047호, 높이 16센티미터, 호림박물관 92쪽 사진
소장)

머리 위로는 발계가 솟고 복잡한 보관 중앙에는 보병이 있으며
오른손을 거쳐서 위로 뻗은 연줄기 끝의 꽃봉오리에는 경책이 있
다. 귓밥 밑에는 이당(耳璫)인 듯 둥근 원반이 있다. 얼굴은 자비상

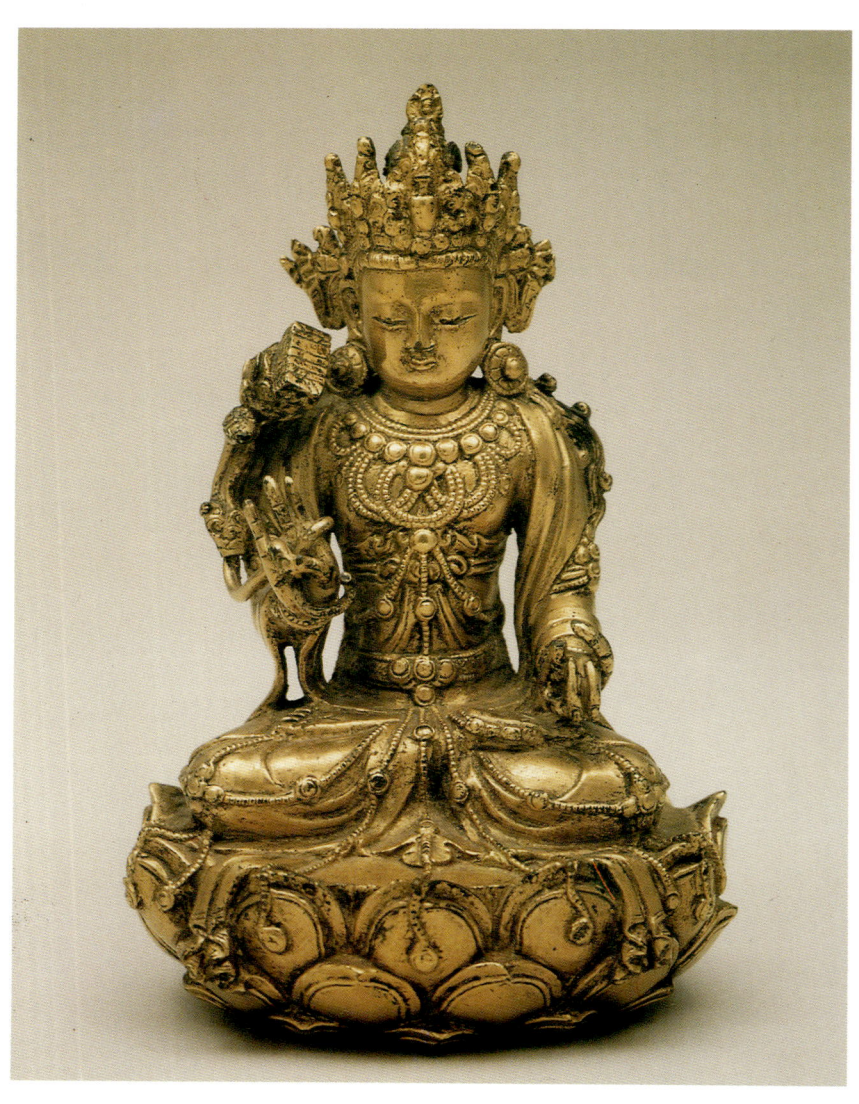

금동 세지보살 좌상 이 보살상은 보관, 영락, 연화좌 등에서 원(元)대의 불상 양식이
농후하게 나타나 있는 점이 주목된다. 보물 1047호, 높이 16센티미터, 호림박물관
소장.

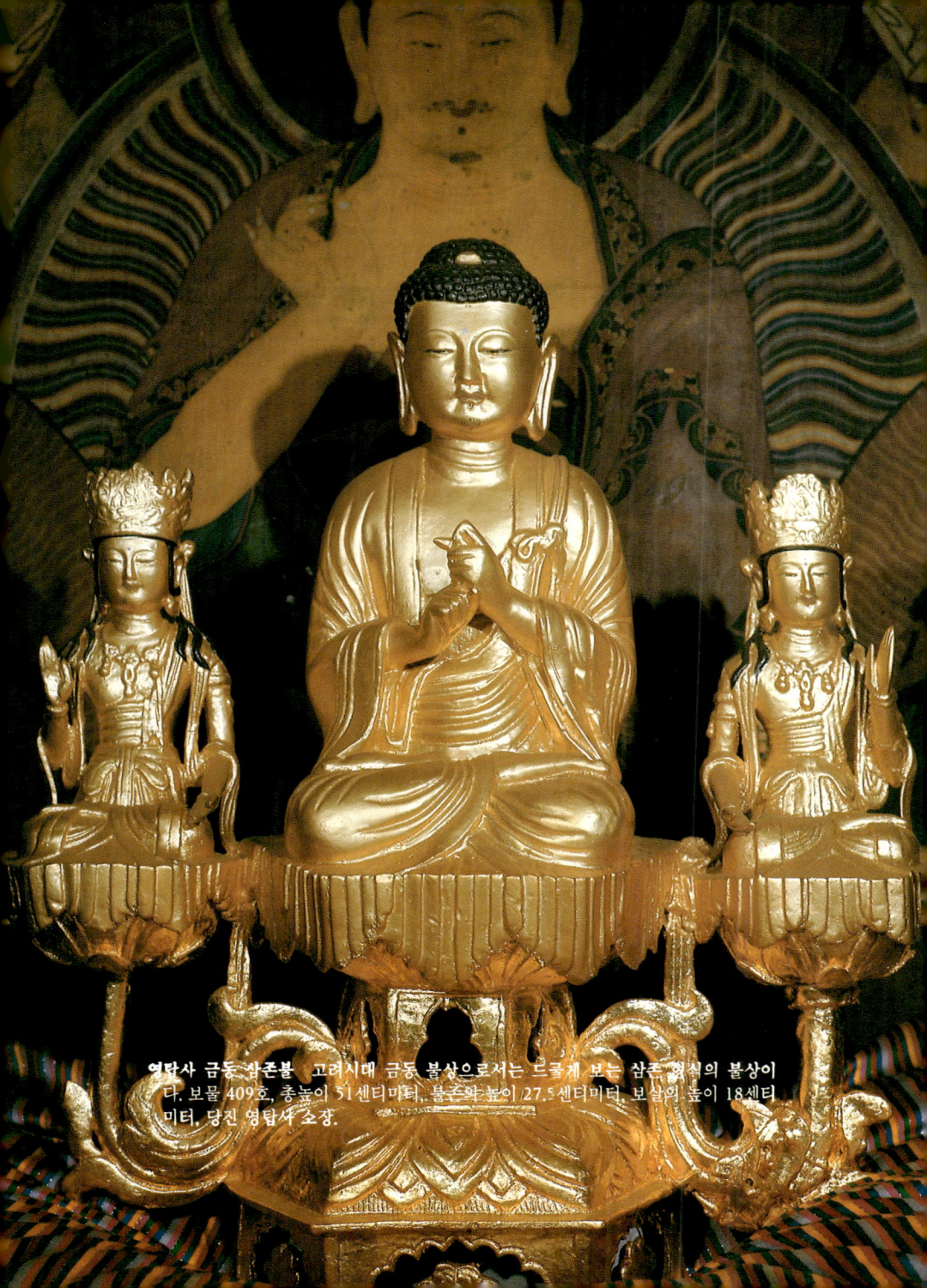

영탑사 금동 삼존불 고려시대 금동 불상으로서는 드물게 보는 삼존 형식의 불상이다. 보물 409호, 총높이 51센티미터, 불존의 높이 27.5센티미터, 보살의 높이 18센티미터, 당진 영탑사 소장.

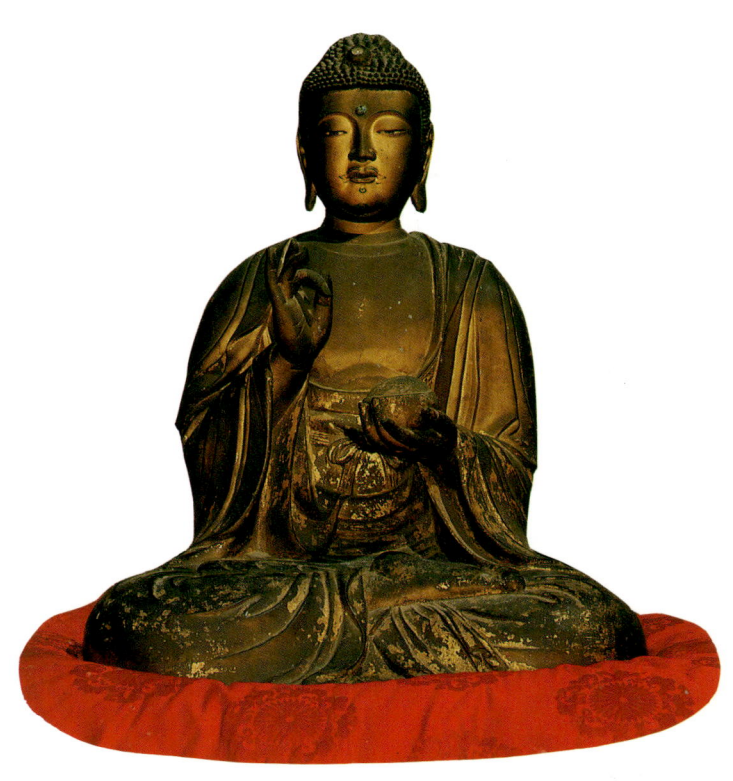

장곡사 약사여래 좌상　이 불상은 복장에서 '지정 6년병술(1346년)'이라는 명기가 발견되어 제작 연대가 분명하다. 보물 337호, 높이 88센티미터, 청양 장곡사 소장.

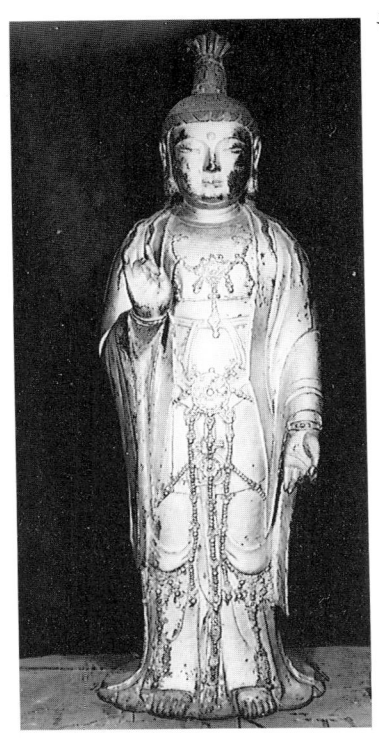

동조 관음보살 입상 이 보살상에서는 머리 위로 높이 솟은 발계와 전면에 보이는 화려한 장신구가 가장 인상적이다. 높이 86.4센티미터, 국립중앙박물관 소장.

이며 나형인 상체에서 매우 복잡한 영락이 몸 전체를 덮었고 그 끝은 연화좌에까지 닿아 있다. 불신 밑에는 복엽 앙련이 받쳐졌고 배면에서도 약간의 의문과 영락이 보인다. 이 보살상은 보관, 영락, 연화좌 등에서 원(元)대 불상의 양식이 농후하게 나타나 있는 점이 주목된다.

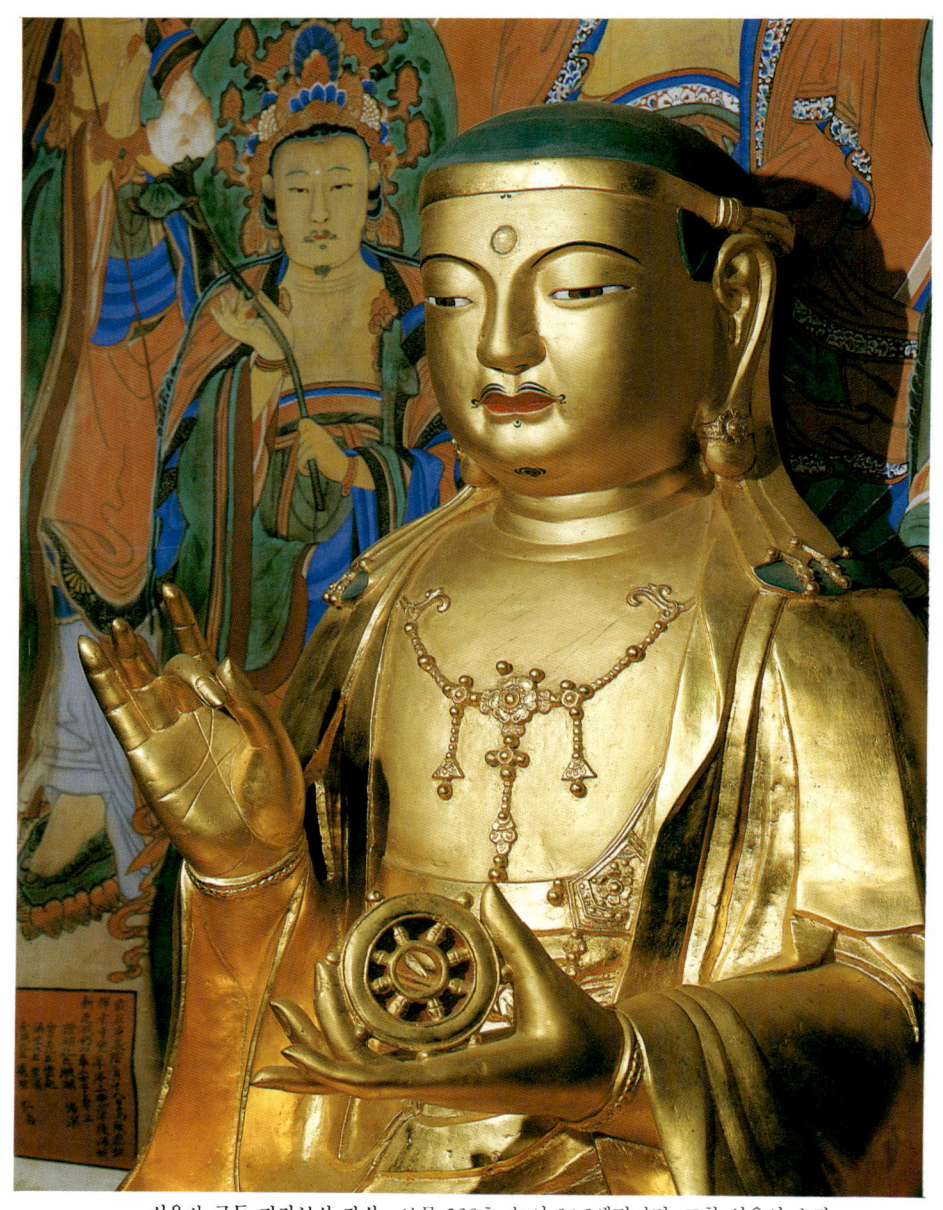

선운사 금동 지장보살 좌상 보물 280호, 높이 96.9센티미터, 고창 선운사 소장.

동조 관음보살 입상(높이 86.4센티미터, 국립중앙박물관 소 95쪽 사진
장)

이 보살상에서 가장 인상적인 부분은 머리 위로 높이 솟은 발계와 전면(前面)에 보이는 화려한 장신구이다. 면상은 무표정하나 온화하고 체구에서는 당당한 양감을 느끼게 한다. 목에는 긴 목걸이를 걸쳤고 하복부에서 밑으로는 장신구가 복잡하게 발 밑까지 늘어져 있다. 왼손은 늘어뜨렸고 오른손은 들어서 통인 비슷하다.

선운사 금동 지장보살 좌상(보물 280호, 높이 96.9센티미터, 96쪽 사진
고창 선운사 소장)

머리는 제발(剃髮)에 띠를 띠었다. 눈꼬리가 길고 백호는 크다. 목에는 영락이 달린 긴 목걸이를 걸었고 천의는 두 어깨에 걸쳐 있다. 오른손은 들어서 엄지와 장지를 대었고 왼손은 가슴 앞에서 법륜을 들었다. 우리나라 불상으로서는 귀한 지장보살상의 예이며 조상(造像) 양식도 조선시대 불상 양식과 연결되는 특징을 지니고 있다.

금동 불감(국보 73호, 총높이 18센티미터, 본존의 높이 10센티미 98, 99쪽 사진
터, 보살의 높이 8.1센티미터, 7.7센티미터, 간송미술관 소장)

불당 안에 삼존을 봉안한 형식인데 불당은 기단에서 분리된다. 삼존은 모두 화염문이 투각된 큰 광배를 갖추고 있으나 조각 수법은 정교하지 못하다. 배면에는 광배를 고정시킨 꼭지가 있다. 삼존상은 기단 외주에 난간을 두른 안에 봉안하였고 불당은 난간 안에 놓이게 되어 있다. 불당은 우진각지붕에 용마루 양끝에는 치미가 있고 기왓 골이 표현되었다. 기둥에는 배흘림이 있으며 포작은 기둥 위와 중간 에 공간포가 있다. 삼존상은 도금이 잘 남아 있으나 불당 지붕에는 도금이 벗겨져 녹이 나 있다.

금동 삼존 불감 불당 안에 삼존을 봉안한 형식인데 불당은 기단에서 분리된다. 삼존은 모두 화염문이 투각된 큰 광배를 갖추고 있으나 조각 수법은 정교하지 못하다. 국보 73호, 총높이 18센티미터, 본존의 높이 10센티미터, 보살의 높이 8.1센티미터, 7.7센티미터, 간송미술관 소장.(아래, 옆면)

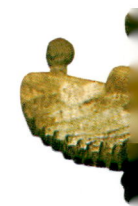

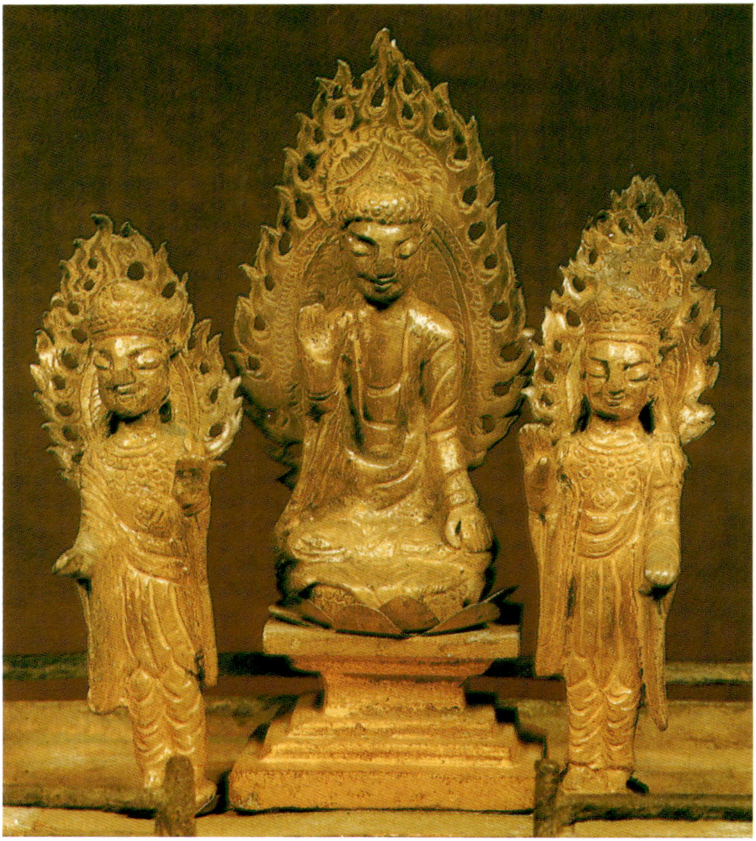

98 우리나라 금동 불상의 작례

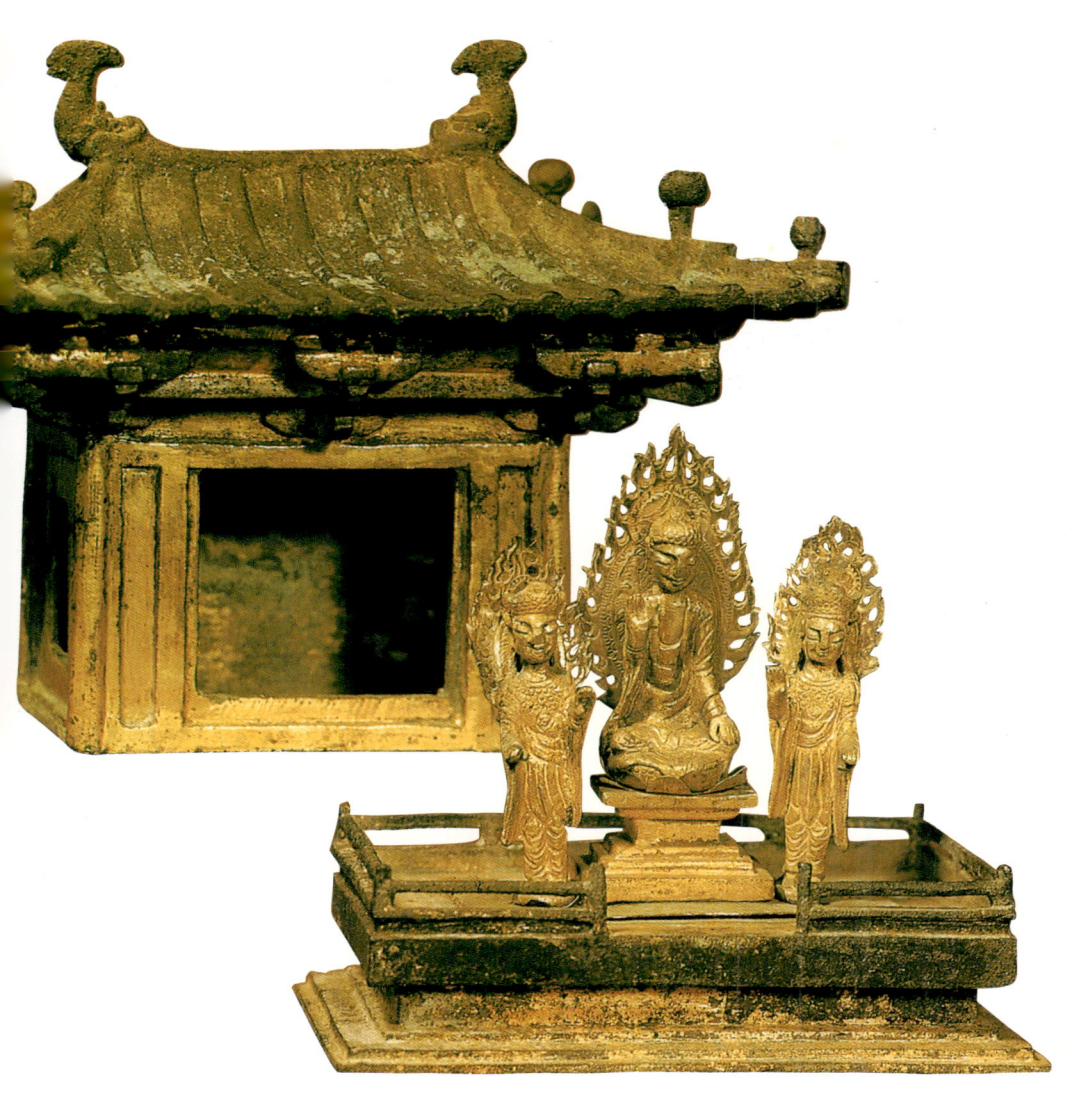

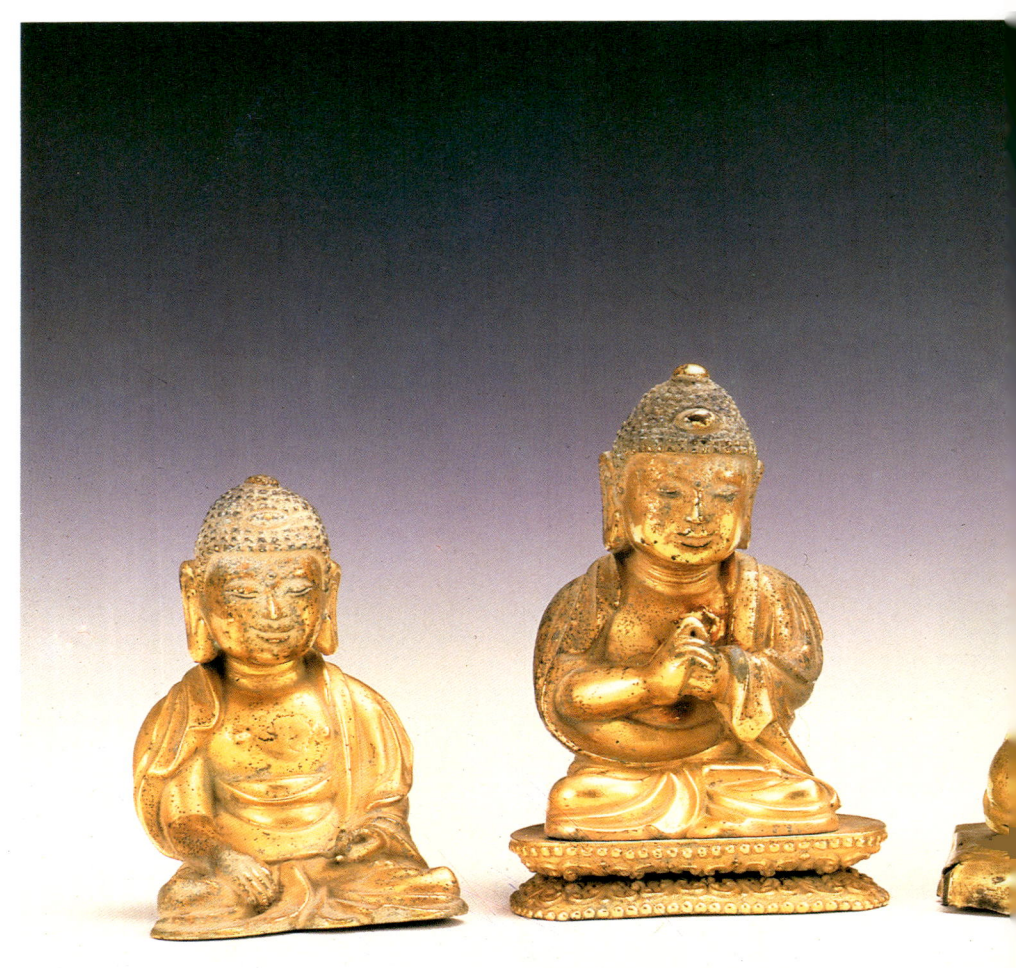

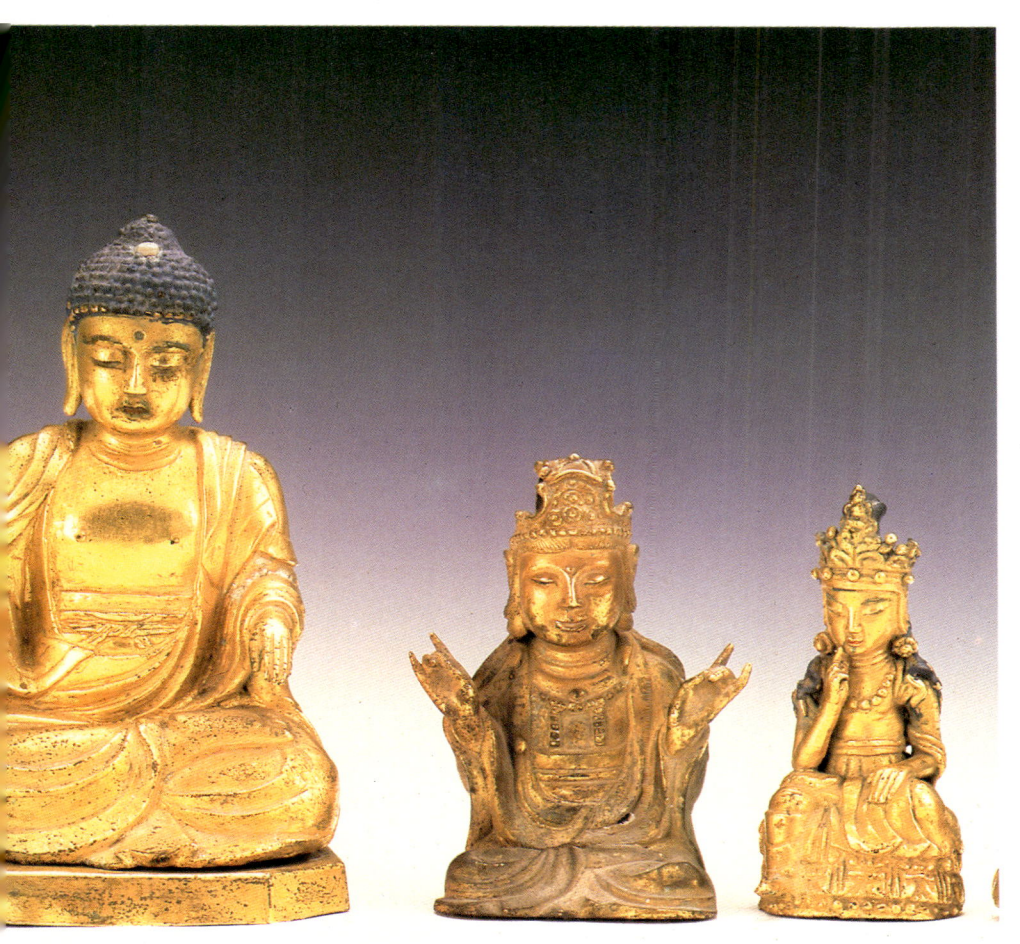

수종사 석탑 발견 금동 불상 이 불상들은 수종사 8각5층석탑 속에서 발견되었던
26구의 불상 가운데 5구이다. 이들 불상은 모두 좌상으로서 양식이 거의 같다.
높이 10센티미터 안팎, 국립중앙박물관 소장.

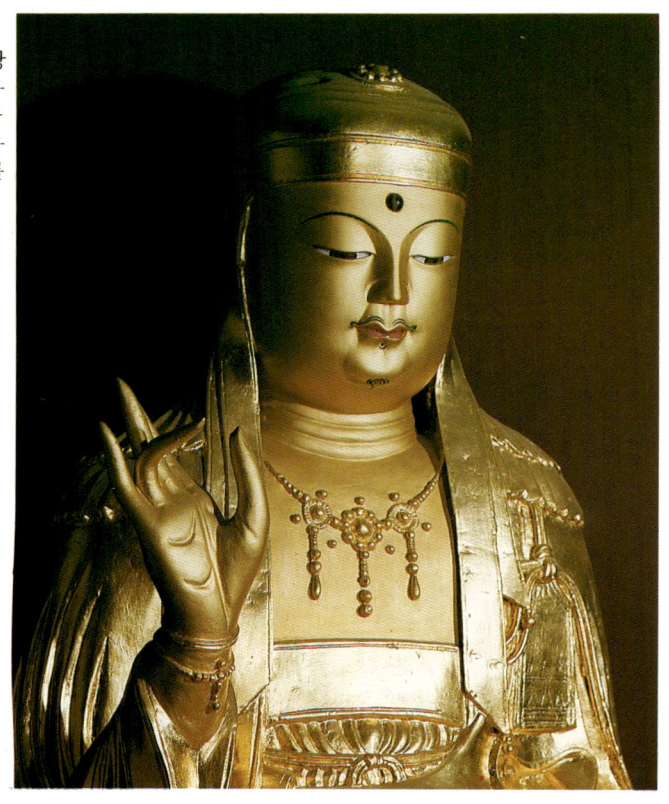

선운사 금동 보살 좌상
의 상호 상호는 매우
비만형으로 이목구
비가 작다. 목도 매우
짧아 짧은 목걸이를
걸었다.

조선시대

100, 101쪽 사진

수종사 석탑 발견 금동 불상(높이 10센티미터 안팎, 국립중앙
박물관 소장)

　수종사 8각5층 석탑에서 기단, 탑신석, 옥개석 등 다섯 곳에
분산, 시납하였던 26구의 각종 불상이 1957년과 1970년의 2차에
걸쳐 발견되었다. 불상의 종류는 여래상 15구, 보살상 8구, 반가상
1구, 나한상 2구 등이다. 이 불상들을 안치하였던 원공(圓孔)에서는

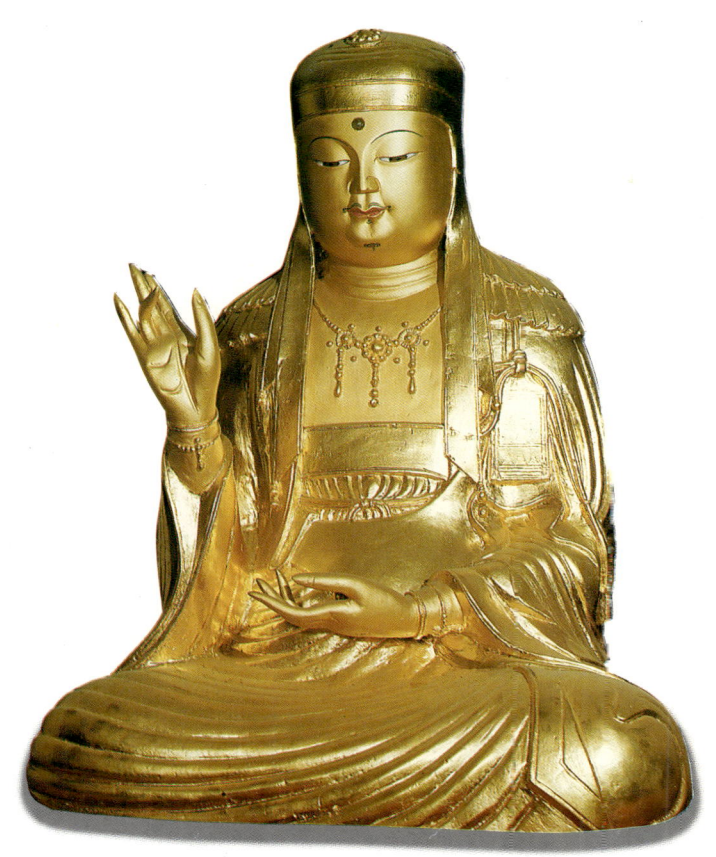

선운사 금동 보살 좌상 옷주름이 매우 형식적이나 조선시대 불상으로서는 착실한 수법을 보여 주는 우수작이라고 할 수 있다. 보물 279호, 높이 1미터, 고창 선운사 소장.

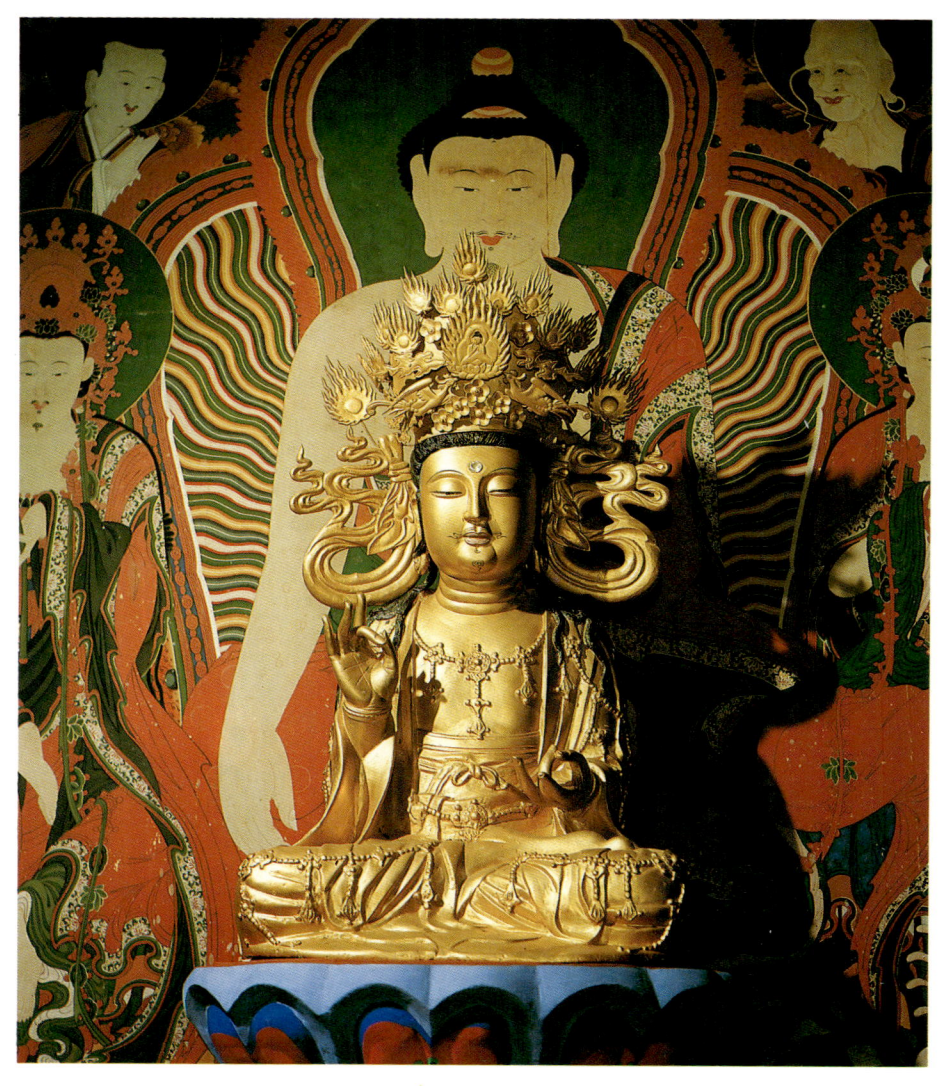

은해사 운부암 금동 보살 좌상　화염보주와 좌우에 수식이 달린 높은 보관이 매우 복잡한데 중앙 정면에는 화염 속에 화불이 있고 관 외부에 용, 봉황, 꽃 등을 조각하여 붙인 형식이 이례적이다.

'홍치6년(弘治六年)'(1493년)의 명기를 가진 발원문이 발견되어 이 불상들을 그 당시의 제작으로 보아도 좋을 것이다. 이들 불상은 모두 좌상으로서 양식은 거의 같다. 머리는 크고 상체는 육중하나 하체가 극히 빈약하여 균형이 전혀 잡히지 않고 장신구와 의문이 모두 둔중하다.

선운사 금동 보살 좌상(보물 279호, 높이 1미터, 고창 선운사 소장)

102, 103쪽 사진

머리에는 보자기 같은 것을 썼고 두 어깨에는 가는 주름이 있고 끝은 앞으로 늘어졌다. 영락이 달린 목걸이를 걸었고 가슴 밑에는 마치 조선시대 여자의 치마 같은 상의(裳衣)를 입었고 치마허리에 난 가는 주름은 그대로 밑으로 연속되어 오른쪽 무릎을 덮었다. 오른손은 들었고 왼손은 배 앞에 대었는데 가는 팔찌가 보인다. 조선시대 불상으로서는 착실한 수법을 보여 주는 우수작이라고 할 수 있다.

은해사 운부암 금동 보살 좌상(보물 514흐, 높이 1.02미터, 영천 은해사 소장)

104쪽 사진

화염보주, 꽃, 구름, 봉황, 용 등으로 장식된 두거운 보관을 썼고 얼굴은 무표정하다. 목에는 삼도가 뚜렷하고 영락의 장신구가 어깨와 팔을 거쳐 무릎에까지 늘어져 고려 말기 보살의 양식의 여운을 남기고 있다. 두 손은 아미타여래의 설법인 같으며 의문은 투박하고 불신이 비만되었으나 이러한 형태의 보살상은 15세기경에 한때 유행하였다.

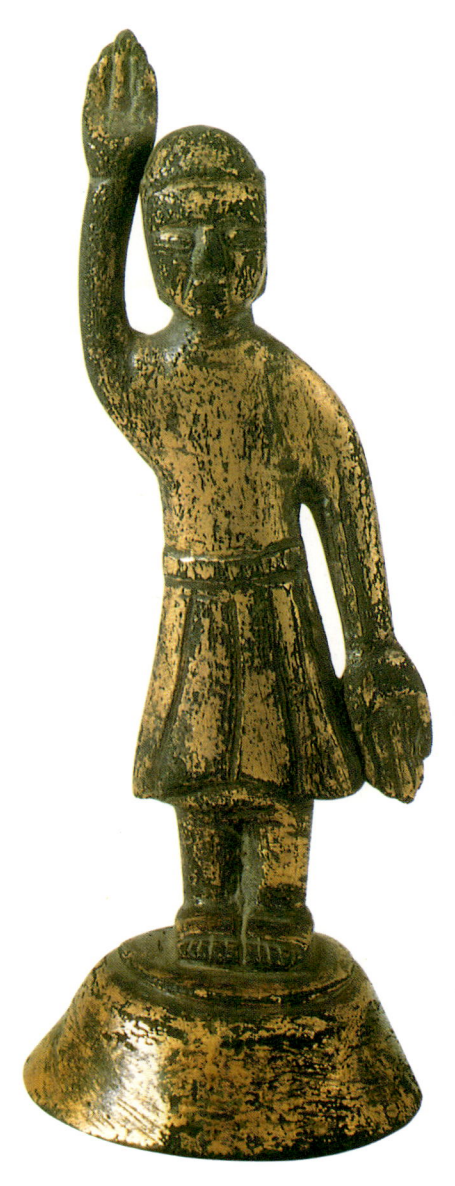

금동 탄생불　석가 탄생불은 6～7세기의 삼국시대에 유행하였다. 경북대박물관 소장.

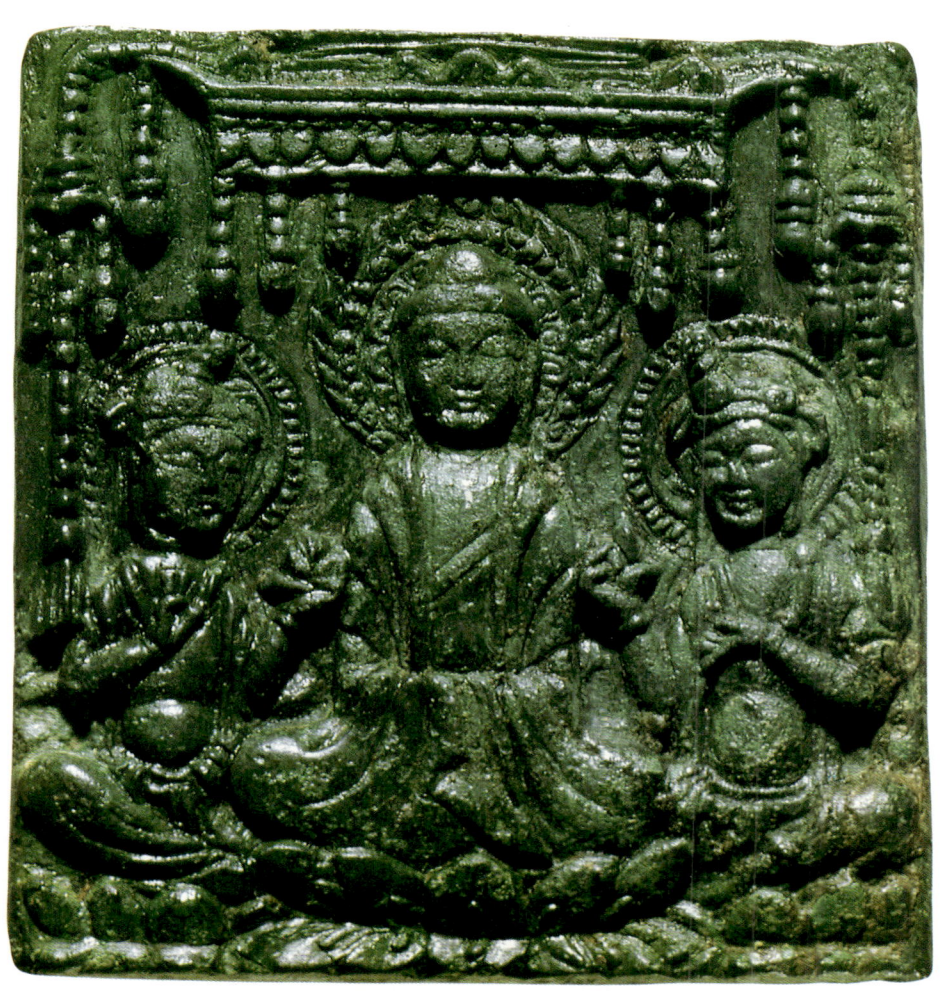

월지 출토 금동 삼존판불 국립경주박물관 소장.

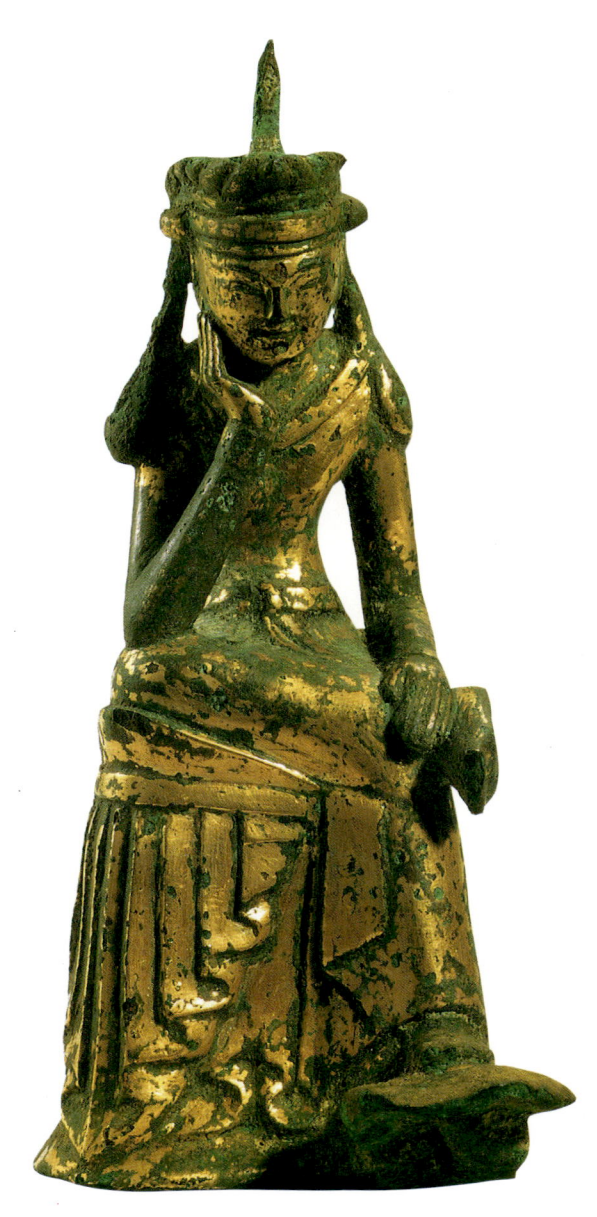

안동 옥동 출토 금동 반가사유상 국립청주박물관 소장.

맺음말

우리나라에서는 불교 전래 이후 많은 수의 금동 불상이 제작되어 그 수는 어쩌면 석조 불상의 수를 능가할지도 모른다. 그러나 대부분이 50센티미터 안팎의 작은 상들이고 이동이 용이한 까닭에 이동, 매몰, 화상, 인위적인 손상 등이 많아 현존하는 수보다 훨씬 많은 수가 인멸되었을 것이다. 그 많은 금동 불상을 통하여 삼국시대 이래 각 시대의 조형상의 감각, 미에 대한 의식, 제작 기술 등을 달리하면서도 정신적인 배경 곧 신심과 아울러 때로는 희대의 걸작을 남기기도 하였다. 다만 제작 국가나 제작 연대를 명시한 명문을 동반하는 예가 거의 없어 편년을 통한 조각사의 형성에는 상당한 논란이 있어 왔다.

근래와 같이 과학이 발달한 시기에는 과학을 이용한 연구 방법이 여러 분야에서 착착 진행되고 있음에도 불구하고 우리나라 불상 연구에서도 그러한 과학적 연구 방법의 적용이 충분히 가능하면서도 전혀 진전이 없는 실정이다.

세부적인 표현이 석불보다 월등히 용이한 금동 불상의 제작은 세부 양식의 표현 기술이나 표현 능력의 발휘에 있어서 어쩌면 우리나라 조각 사상에서 어느 분야의 조각보다도 중요한 분야라고 할 수 있다.

참고 문헌

단행본

「국보」2 예경산업사, 1984.

진홍섭 「한국의 불상」 일지사, 1976.

황수영 「한국불상의 연구」 삼화출판사, 1973.

논문

김원룡 '고대한국의 금동불'「한국미의 탐구」 열화당, 1978.

_____ '뚝섬출토 금동불상'「역사교육」5, 1961.

황수영 '연가7년명금동여래입상'「미술자료」8, 1963.

강우방 '금동삼산관사유상교'「미술자료」22, 1978.

김리나 '황룡사의 장육존상과 신라의 아육왕상계불상'「진단학보」46·47, 1979.

문명대 '불국사금동여래좌상 2구와 그 조상찬문의 연구'「미술자료」19, 1976.

이은창 '장곡사의 금동약사좌상복장불경'「고고미술」3권 11호, 1962.

빛깔있는 책들 103-28

금동불

글	—진홍섭
사진	—진홍섭, 안장헌

발행인	—장세우
발행처	—주식회사 대원사

주간	—박찬중
편집	—김한주, 신현희, 조은정, 황인원
미술	—윤봉희
전산사식	—이규헌, 육세림

첫판 1쇄	—1992년 9월 25일 발행
첫판 4쇄	—2003년 1월 30일 발행

주식회사 대원사
우편번호/140-901
서울 용산구 후암동 358-17
전화번호/(02) 757-6717~9
팩시밀리/(02) 775-8043
등록번호/제 3-191호
http://www.daewonsa.co.kr

값 13,000원

Daewonsa Publishing Co., Ltd.
Printed in Korea(1992)

ISBN 89-369-0132-X 00220